Pensamiento Positivo en 30 Días

Cuaderno de Trabajo Práctico para Pensar en Positivo; Entrena a tu Crítico Interior, Deja de Pensar en Exceso y Cambia tu Mentalidad

(Conviértete en una Persona Consciente y Positiva)

MASTER.TODAY

Roger Reed

The Journey
of a thousand
miles begins
with a single
step.

-Lao Tzu

Introducción

¿En qué piensas cuando escuchas el término *"pensamiento positivo"*?
"¿Imaginas que pensar en positivo significa ser optimista todo el tiempo?
¿O te hace pensar en un enfoque casi místico por el que enviar
pensamientos positivos traerá de alguna manera salud, riqueza y
satisfacción?

Ambas suposiciones son erróneas. El pensamiento positivo consiste en
aprender a centrarse en lo bueno en cualquier situación. No significa
quitarle importancia a los contratiempos o a los problemas. No significa
que vayas a ser feliz todo el tiempo y, desde luego, no significa ignorar la
realidad. Significa abordar todo lo que haces con la expectativa de que el
resultado será positivo. Esto no parece muy complicado ni difícil, pero en
realidad es mucho más desafiante de lo que la mayoría de la gente cree.
Muchos de nosotros estamos condicionados a ser negativos, a temer lo
peor en lugar de esperar lo mejor. Puede que ni siquiera seamos
conscientes de esta tendencia, pero esa actitud puede impregnar todo lo
que hacemos.

Aprender a esperar lo mejor en cualquier situación probablemente no
suene muy impresionante, así que ¿por qué debería importarte el
pensamiento positivo? Una serie de estudios científicos han encontrado
vínculos notables entre el pensamiento positivo y la mejora de la salud
física y mental. Por ejemplo, el Profesor Sheldon Cohen y un equipo de
investigadores de la Universidad Carnegie Mellon de Pensilvania, llevaron
a cabo un estudio en 2006 [1]con varios cientos de personas. Descubrieron
que aquellos sujetos de prueba con un EEP (Estilo Emocional Positivo)
eran significativamente más resistentes cuando se exponían a un virus. No
se trataba sólo de que estas personas fueran menos propensas a reportar
síntomas adversos. Unas cuidadosas mediciones confirmaron que, de

---

[1]   Sheldon Cohen, Cuneyt M Alper, William J Doyle, John J Treanor, Ronald B
Turner, *Positive emotional style predicts resistance to illness after experimental
exposure to rhinovirus or influenza virus*, Journal of Psychosomatic Medicine,
November 2006.

alguna manera, las personas con un estilo emocional positivo eran más capaces de combatir la infección. El estudio concluyó que:

> *"Estos resultados indican que el EEP puede desempeñar un papel más importante en la salud de lo que se pensaba".*

Otros estudios están de acuerdo e indican que, además de mejorar la resistencia a las infecciones, ser un pensador positivo también reduce significativamente las posibilidades de sufrir hipertensión arterial, tener un ataque al corazón, te da una resistencia superior al dolor, e incluso puede conducir a una mayor duración de la vida. La idea de que el pensamiento positivo puede hacer que se viva más tiempo puede parecer una afirmación extravagante, pero también está respaldada por estudios. En un estudio iniciado en la década de 1930 por investigadores de la Universidad de Kentucky[2], se pidió a un grupo de jóvenes monjas católicas que escribieran breves autobiografías. ¡Sorprendentemente, las monjas cuyos relatos escritos ofrecían un contenido emocional positivo vivieron, de media, 10 años más que las que mostraban un contenido emocional negativo! Se trata de una mejora más notable que la que se consigue adoptando un estilo de vida más saludable mediante, por ejemplo, el abandono del tabaco.

La mejora de la salud física y la longevidad son por sí solas buenas razones para aprender a pensar positivamente, pero el pensamiento positivo también proporciona profundas mejoras en la salud mental. No es de extrañar que el pensamiento positivo esté directamente relacionado con la reducción de la depresión, la ansiedad y los pensamientos suicidas. Lo que es menos conocido es que el pensamiento positivo también se asocia con una mejora de la creatividad, una mayor capacidad para resolver problemas y una mayor probabilidad de adoptar un estilo de vida saludable.

La doctora Barbara Fredrickson es profesora distinguida Kenan de la Universidad de Carolina del Norte en Chapel Hill y directora del Laboratorio de Emociones Positivas y Psicofisiología (EPE) de la

---

[2] Deborah D. Danner, David A. Snowdon, and Wallace V. Friesen, *Positive Emotions in Early Life and Longevity: Findings from the Nun Study*, University of Wisconsin, 2001.

universidad. En una entrevista para el Programa *ESTARBIEN* de la Universidad de Stanford, dijo:

> *"Estamos aprendiendo que las emociones positivas actúan como nutrientes. Aunque las experiencias de alegría, gratitud o serenidad pueden parecer fugaces e intrascendentes, la ciencia está demostrando que estas experiencias influyen en el funcionamiento de nuestro cerebro, abriendo nuestra mentalidad para que sea más abarcadora y flexible.* [3]*"*

Estos estudios y las continuas investigaciones dejan claro que, aunque el aprendizaje del pensamiento positivo no te garantizará la riqueza ni el éxito instantáneo, te hará más saludable, te permitirá vivir más tiempo y mejorará tu bienestar mental. El pensamiento positivo no es una capacidad innata, algo con lo que se nace. Es un conjunto de habilidades y técnicas que puede aprender cualquier persona, sin importar su estado mental actual. Este libro te enseñará a convertirte en un pensador positivo.

¿Estás preparado para aprender el pensamiento positivo y cambiar tu vida para mejor?

---

[3] *The power of positive emotions*, retrieved from https://bewell.stanford.edu/the-power-of-positive-emotions/, May 2021.

SU REGALO

Nos gustaría darte un regalo para agradecerte la compra de este libro. Puedes elegir entre cualquiera de nuestros otros títulos publicados.

Puedes obtener acceso inmediato a cualquiera de nuestros libros haciendo clic en el siguiente enlace y uniéndote a nuestra lista de correo:

https://campsite.bio/mastertoday

Nuestros otros libros

Dominio de la Fuerza Mental: *Manual de 10 Pasos para Desarrollar la Confianza en uno Mismo, la Resistencia, el Valor y la Disciplina*

Para saber más, haz clic aquí:

https://master.today/books/mental-toughness/

Asertividad cotidiana: *¡Desbloquea tu Asertividad y Confianza, Deja de Complacer a la Gente, Establece Límites Saludables y di NO!*

(Libro de Trabajo para Transformar tu Vida y tu Comunicación)

Para saber más, haz clic aquí:

https://master.today/books

Contenido

Capítulo 1: ¿Qué es el pensamiento positivo?

En este capítulo se presentan las ideas principales del pensamiento positivo. Explicamos lo que es y, quizás igual de importante, lo que no es. Hay buenas pruebas científicas que demuestran que el pensamiento positivo puede mejorar drásticamente tu salud física y mental, pero algunos enfoques utilizan este término para denotar algo místico y no confirmado por la ciencia.

¿Eres un pensador positivo?

Antes de hablar de cómo adoptar los hábitos del pensamiento positivo, tenemos que determinar qué son los hábitos positivos.

En su libro[4] *La Vida Emocional de tu Cerebro*, el fundador del Centro de Mentes Saludables de la Universidad de Wisconsin-Madison, el Dr. Richard J. Davidson, cita pruebas neurocientíficas para apoyar su afirmación de que nuestras personalidades son el resultado de una combinación de sólo seis estilos emocionales:

- La **resiliencia** se refiere a lo bien que un individuo afronta y se recupera de la adversidad.
- La **perspectiva** se refiere a la capacidad de un individuo para mantener una actitud positiva hacia el futuro.
- La **intuición social** se refiere a la capacidad de una persona para reconocer las señales no verbales durante la interacción con los demás.
- La **autoconciencia** se refiere a la capacidad de ser consciente de las propias emociones y de las sensaciones y señales físicas.
- La **sensibilidad al contexto** se refiere a la forma en que las respuestas emocionales y conductuales de una persona tienen en cuenta el contexto de una situación.
- La **atención** es la capacidad de mantener la concentración y de ignorar las distracciones.

Los estilos emocionales son diferentes a los estados emocionales. Un estilo emocional representa un patrón general de respuestas emocionales. Un estado emocional es una respuesta emocional transitoria a una situación concreta. Por ejemplo, tu estado emocional tras un revés o una decepción puede ser de infelicidad, pero tu estilo emocional general puede seguir siendo positivo.

Dentro de cada uno de los seis estilos emocionales identificados por Davidson, una persona tiende a ser positiva o negativa. Las personas que

---

[4] Richard J Davidson Ph.D, Sharon Begley, *The Emotional Life of Your Brain: How Its Unique Patterns Affect the Way You Think, Feel, and Live--And How You Can Change Them*, Avery Publishing Group, 2012.

suelen obtener una puntuación alta en las seis categorías tienen un estilo emocional positivo (EEP). Las personas que obtienen puntuaciones más bajas tienen un Estilo Emocional Negativo (EEN). Varios estudios sugieren que podemos modificar nuestros estilos emocionales mediante un entrenamiento deliberado y sistemático.

¿Tienes un EEP o un EEN? La mayoría de las personas saben intuitivamente si tienden a lo positivo o a lo negativo, pero a veces puede ser útil evaluar nuestros patrones emocionales de forma objetiva.

Para ello, piensa honestamente en cómo responderías a las siguientes preguntas sobre tus propios estilos emocionales:

> **Resiliencia.** ¿Respondes positivamente a los contratiempos y problemas? ¿Te recuperas rápidamente de un contratiempo? Si algo sale mal, ¿es probable que vuelvas a intentar lo mismo?

> **Perspectivas**. ¿Tu visión del futuro es generalmente positiva? ¿Esperas con ansia el día cuando te levantas por la mañana?

> **Intuición social.** ¿Eres consciente de cómo se siente la gente, aunque no hablen directamente de esos sentimientos? ¿Has sido alguna vez consciente de cómo se siente otra persona, aunque los demás no parezcan darse cuenta?

> **Conciencia de sí mismo.** ¿Comprendes fácilmente cómo y por qué la gente responde a tus acciones? ¿Eres generalmente consciente de tus propias emociones? ¿Eres generalmente consciente de tu cuerpo y de las sensaciones físicas que experimentas?

> **Sensibilidad al contexto.** ¿Comprendes intuitivamente cómo comportarte adecuadamente en la mayoría de las circunstancias? ¿Te das cuenta de cuándo otras personas se comportan de forma socialmente inapropiada?

> **Atención.** ¿Se te da bien mantener la concentración? ¿Sueles ser capaz de mantener la concentración en una tarea hasta completarla?

Esto no es en absoluto una evaluación completa de tus estilos emocionales, pero si en general puedes responder "*Sí*" a la mayoría de estas preguntas, probablemente tengas un EEP. Si generalmente responde "No", entonces es posible que tengas un EEN. Si quieres probar un test de estilo emocional más detallado, hay varios disponibles en línea. Uno de los mejores, desarrollado con la ayuda del Dr. Richard Davidson, se puede encontrar en el sitio web de la Universidad de Wisconsin-Madison:

https://uwmadison.co1.qualtrics.com/jfe/form/SV_cOdLb0V5wSgNAkR

El hecho de que estés leyendo este libro sugiere que estás interesado en aprender a cambiar un EEN por un EEP. Este libro te ayudará a hacerlo, mostrándote cómo adoptar los hábitos del pensamiento positivo. Sin embargo, los estilos emocionales no suelen ser consistentes en todos los ámbitos de nuestra vida. Por ejemplo, es posible que seas generalmente positivo y optimista en tus relaciones personales, pero que te encuentres luchando contra la negatividad en el trabajo.

Por ello, es posible que quieras evaluarte más de una vez, respondiendo a las preguntas para diferentes partes de tu vida o en los diferentes roles que desempeñas (padre, colega, amigo, pareja, etc.). Se lo más específico posible a la hora de identificar las áreas en las que la falta de pensamiento positivo te está frenando.

Cuando estés satisfecho de haber comprendido tu situación actual, puedes probar el primer ejercicio del Capítulo 9, *Tu evaluación del pensamiento positivo*.

¿Cuáles son los beneficios del pensamiento positivo?

El hecho de que el pensamiento positivo y el desarrollo de un EEP tienen un beneficio directo para la salud física es ahora generalmente aceptado por la mayoría de los profesionales de la salud. Son tantos los estudios que lo confirman que se ha convertido en algo innegable. Lo que no está tan claro es por qué. Hay muchas teorías sobre por qué el pensamiento positivo nos hace más sanos y nos permite vivir más tiempo, pero la más generalmente aceptada es que el pensamiento positivo reduce el estrés.

El estrés es la forma en que reaccionamos ante situaciones que percibimos como peligrosas. El estrés no es perjudicial en sí mismo. En breves momentos, desencadena nuestra respuesta de "*lucha o huida*", ayudándonos a evitar el peligro. El estrés se convierte en un problema cuando está siempre presente. Esto se conoce como "*estrés crónico*". En el mundo moderno, muchos de nosotros tenemos demandas conflictivas de tiempo y atención. Nos sentimos arrastrados en diferentes direcciones, y parece que nunca hay tiempo suficiente para hacer todo correctamente. El estrés crónico tiene una serie de efectos físicos directos. Estos incluyen, pero no se limitan a:

- **Presión arterial alta**
- **Corazón acelerado**
- Con el tiempo, la presión arterial alta y el corazón acelerado pueden **aumentar el riesgo de sufrir un ataque al corazón**
- **Dificultad para respirar**
- **Sistema inmunitario debilitado**
- Niveles **altos de azúcar en la sangre**, lo que te hace más propenso a la diabetes de tipo 2
- **Reducción del deseo sexual**
- Músculos tensos, que provocan **dolores de cabeza, espalda y hombros**

El estrés crónico también está directamente asociado a problemas de salud mental. Puede llevar a comportamientos problemáticos como comer en exceso, no comer lo suficiente, el abuso de drogas, la falta de ejercicio y el abuso del alcohol. Puede provocar insomnio y trastornos del estado de ánimo como ansiedad, irritabilidad e incluso depresión.

Muchos de nosotros nos acostumbramos tanto a vivir con estrés cada día que ya ni siquiera lo notamos. Sin embargo, el estrés crónico te hace insano e infeliz y, casi con toda seguridad, hará que no vivas tanto como podrías hacerlo.

Podrías eliminar el estrés cambiando completamente tu vida para evitar las presiones que lo provocan. Podrías dejar tu trabajo, abandonar tus relaciones y marcharte a vivir al campo. Sin embargo, para la mayoría de la gente esa no es una opción viable porque requiere un cambio fundamental en su vida y en su trabajo. Es importante recordar que el estrés no es una parte ineludible de una vida ocupada y productiva. El estrés no tiene que ver con el mundo que te rodea. Se trata de cómo percibes y reaccionas ante ese mundo.

El pensamiento positivo no eliminará los factores que causan el estrés en tu vida. Sin embargo, cambiará la forma en que interpretas esas cosas reduciendo los efectos del estrés y todos los problemas físicos y mentales que provoca. Sólo eso es una buena razón para aprender las técnicas del pensamiento positivo, pero los beneficios no terminan ahí.

Convertirte en un pensador positivo mejorará tus relaciones personales y profesionales. Si eso te parece poco probable, piensa en las personas con las que te gusta pasar el tiempo. ¿Cuántas de ellas son personas negativas y quejonas, que siempre parecen ser desgraciadas e infelices? ¿Cuántas son positivas, optimistas y seguras de sí mismas? La gran mayoría de la gente prefiere pasar su tiempo con alguien optimista. Si consigues convertirte en un pensador positivo, también te convertirás en el tipo de persona con la que la gente quiere pasar su tiempo.

Los pensadores positivos también tienen más éxito. Hay varios estudios que indican que las personas positivas no sólo tienen mejores relaciones y carreras, sino que también ganan más dinero. Un metaanálisis de estudios que abarcó a más de 275.000[5] personas concluyó que:

> *"Numerosos estudios demuestran que los individuos felices tienen éxito en múltiples ámbitos de la vida, como el matrimonio, la amistad, los ingresos, el rendimiento laboral y la salud. El vínculo felicidad-éxito existe no sólo porque el éxito hace feliz a la gente, sino también porque el afecto positivo engendra el éxito."*

En otro estudio que analizaba a los vendedores del sector de los seguros, los identificados como optimistas ganaban de media un 88% más que sus colegas pesimistas.

El pensamiento positivo no es sólo una vaga creencia de que las cosas saldrán bien. Es una forma de enfocar la vida que te hará más sano, más rico y más feliz. Este libro te muestra cómo convertirte en un pensador positivo y te permitirá obtener todos esos importantes beneficios.

---

[5] *Sonja Lyubomirsky, Laura King, Ed Diener, The Benefits of Frequent Positive Affect: Does Happiness Lead to Success?, American Psychological Association, Psychological Bulletin, 2005.*

Things will
be fine

¿Por qué es tan difícil el pensamiento positivo?

Muchos de nosotros sufrimos algo llamado sesgo de negatividad, aunque no lo reconozcamos. Experimentar el sesgo de negatividad significa que somos propensos a centrar nuestra energía mental y emocional en evitar resultados negativos en lugar de perseguir resultados positivos. Este sesgo comenzó probablemente como un mecanismo de supervivencia humano. En los primeros tiempos de la humanidad, el mundo era un lugar peligroso y sobrevivir significaba planificar constantemente cómo evitar los peligros. Para la mayoría de nosotros en el mundo moderno, las cuestiones de supervivencia diaria son menos apremiantes, pero nuestros cerebros siguen centrados en priorizar esto para evitar acontecimientos potencialmente negativos.

En neurociencia, la forma en que percibimos las cosas que nos rodean se llama saliencia. Varios estudios psicológicos y de ciencias cognitivas han demostrado que cuando las intensidades de las percepciones en competencia son iguales, tendemos a centrar nuestra atención en las que son, o tienen el potencial de ser, negativas. De este modo, la saliencia muestra un sesgo de negatividad.

Este sesgo de negatividad puede manifestarse de varias maneras, pero la más común es acentuar lo negativo. Imagina que has hecho un examen y has sacado un 90%. En lugar de celebrar el hecho de haber obtenido tan buenos resultados, el sesgo de negatividad hace que te irrites por haber perdido ese último 10%. En lugar de alegrarte por tu logro, te sientes infeliz por no haberlo hecho aún mejor. Varios estudios lo confirman, ya que la tendencia muestra que:

- En las relaciones, generalmente se necesitan cinco interacciones buenas para que se perciba que contrarrestan una sola interacción mala.
- Por lo general, la gente se esforzará mucho más en evitar perder dinero que en ganar la misma cantidad de dinero.
- Recordamos las experiencias dolorosas y desagradables con mucha más claridad que las agradables.

Como dice sucintamente el psicólogo Rick Hanson, autor de best-sellers[6] y miembro principal del Centro Científico Mayor Bien de la UC Berkeley:

"Es más seguro para nosotros evitar los palos que perseguir las zanahorias".

Incluso nuestro lenguaje lo refleja. En prácticamente todas las lenguas del mundo hay palabras y términos mucho más equilibrados y matizados para describir conceptos negativos [7]. Este desequilibrio es especialmente notable en lo que respecta a las emociones. El vocabulario disponible para describir los sentimientos negativos suele ser mucho más amplio que el que abarca los sentimientos positivos, por lo que quizá esto también nos facilite el hecho de centrarnos en lo negativo y descartar lo positivo.

Parece que nuestros cerebros todavía están en sintonía con las necesidades primitivas de la supervivencia básica, lo que nos lleva a dar más importancia a evitar el daño que a buscar lo positivo. Para convertirse en un pensador positivo, hay que aprender a superar el sesgo de la negatividad.

---

[6] Rick Hansen, *Resilient: 12 Tools for transforming everyday experiences into lasting happiness*, Harmony, 2018

[7] Paul Rozin, Loren Berman, Edward Royzman, *Biases in use of positive and negative words across twenty natural languages*, Cognition and Emotion, 2010.

¿El pensamiento positivo es algo que se puede aprender?

Todos experimentamos un gran número de pensamientos cada día. Medir un pensamiento no es fácil, pero la mayoría de los investigadores afirman que experimentamos entre 12.000 y 60.000 pensamientos cada día. Debido al sesgo de negatividad, se ha estimado que hasta el 80% de estos pensamientos son negativos.

Estas estadísticas son aterradoras, pero la buena noticia es que pueden cambiarse. Todos estamos condicionados por nuestra infancia, nuestro entorno y las personas con las que pasamos el tiempo. Tu mentalidad se ha formado por un gran número de factores interrelacionados. Sin embargo, tu modo de pensar actual no es fijo ni inevitable.

Nuestro cerebro desarrolla vías neuronales, atajos que nos llevan a responder de la misma manera a los estímulos externos. Por ejemplo, si vas a tomar una copa después del trabajo para escapar del estrés, tu cerebro desarrollará gradualmente una vía neuronal que te dirá que la forma de lidiar con el estrés es el alcohol. Tu cerebro lo hará incluso cuando tomar una copa no sea apropiado ni posible. Estos atajos mentales están detrás de muchos comportamientos problemáticos.

Los recientes avances de la neurociencia nos dicen que estas vías neuronales no son fijas. Si queremos cambiar un comportamiento, basta con tomar la decisión consciente de adoptar el nuevo comportamiento. Si podemos mantener ese nuevo comportamiento durante un periodo de entre 30 y 90 días, se formará una nueva vía neuronal. En ese momento, el nuevo comportamiento se convierte en un hábito y el antiguo comportamiento se abandona.

En este libro, te proporcionamos todas las técnicas que necesitas para que el pensamiento positivo forme parte de tu vida. Si haces el esfuerzo de emprender estos nuevos comportamientos, se convertirán en hábitos. Esto conducirá a la sustitución de tus actuales hábitos de pensamiento negativo por nuevos hábitos que apoyen el pensamiento positivo.

Lo que el pensamiento positivo no es

El éxito de libros como *El Secreto* [8]popularizó la idea de que los pensamientos positivos traen resultados positivos de alguna manera misteriosa. Los seguidores de este concepto citan lo que se llama *la Ley de la Atracción.* Según esta ley, los pensamientos se consideran una forma de energía, y la energía positiva atrae beneficios para la salud, las finanzas y las relaciones.

Sin embargo, muchos neurocientíficos y psicólogos consideran que esta noción es una pseudociencia. Afirman que no existe ninguna base para la creencia semi-mística de que, pensando en pensamientos positivos, atraerás de algún modo resultados positivos a tu vida a través de algún mecanismo desconocido. Este libro no trata de eso.

Este libro se basa totalmente en la ciencia y la psicología. Se basa en las conclusiones de un gran número de estudios publicados en revistas especializadas que confirman que el pensamiento positivo tiene notables beneficios físicos y mentales. Este libro te proporciona técnicas que puedes utilizar para convertirte en un pensador positivo. No se garantiza que su uso te haga rico o atractivo.

Sin embargo, existe una abrumadora evidencia científica de que el uso de las técnicas descritas en este libro mejorará tu capacidad para lidiar con el estrés, reducirá tu susceptibilidad a cosas como la presión arterial alta y el ataque al corazón, reforzará tu sistema inmunológico, e incluso puede permitirte vivir más tiempo. Estas técnicas también reducen la ansiedad y la depresión, aumentan la creatividad y la confianza en uno mismo, y te permiten alcanzar mejor tus objetivos.

El pensamiento positivo no tiene nada de místico. No hay nada vago ni misterioso en los beneficios que aporta. Puede que el uso de las técnicas de este libro no te haga rico, pero mejorará tu salud y la calidad de tu vida.

¿Estás preparado para pensar en positivo?

---

[8] Rhonda Byrne, *The Secret*, Atria Books, 2006

Capítulo 2: Pensar demasiado

Pensar en exceso es un problema común que causa angustia y mala salud.
El pensamiento excesivo también bloquea el uso de las técnicas de
pensamiento positivo. Este capítulo explica qué es el pensamiento
excesivo y cómo puede afectarle.

¿Qué es el exceso de pensamiento?

La enseñanza budista tiene una maravillosa analogía para el pensamiento intenso y continuo del que muchos de nosotros sufrimos. Llama a este cambio constante de un pensamiento a otro "*mente de mono*". Buda lo describió así:

> "*Al igual que un mono que se balancea entre los árboles se agarra a una rama y la suelta sólo para agarrar otra, así también, eso que se llama pensamiento, mente o conciencia surge y desaparece continuamente tanto de día como de noche.* [9]"

Esta analogía, también conocida como *kapicitta* en la enseñanza budista, describe perfectamente cómo reaccionamos muchos de nosotros cuando estamos estresados y constantemente bombardeados por información. Nos distraemos fácilmente y somos incapaces de concentrarnos en una sola cosa. Nos encontramos pasando constantemente de un pensamiento preocupante a otro, incapaces de encontrar una solución. Nos detenemos en el pasado, especialmente en las cosas que percibimos como fracasos. Nos centramos en el futuro, pensando en las cosas que podemos hacer al día siguiente, o a la semana, o al mes. En definitiva, nos falta concentración donde realmente la necesitamos: En lo que estamos haciendo ahora mismo.

La mente de mono también está asociada al insomnio. Nos acostamos, cerramos los ojos y, en lugar de encontrar paz y tranquilidad, nos encontramos con una mente acelerada. Nuestro cerebro revolotea de pensamiento en pensamiento, dejándonos estresados e incapaces de dormir. Las enseñanzas de Buda nos dicen que la gente ha sufrido de la mente de mono durante muchos miles de años. Sin embargo, en el mundo moderno, en el que tantas cosas claman por un momento de nuestra atención, el sufrimiento de la mente de mono es aún más común. La mente de mono es el enemigo del pensamiento positivo. No puedes ser positivo si tu mente está constantemente vagando de pensamiento en

---

[9] Saṃyutta Nikāya, *The Connected Discourses of the Buddha*, trans. Bhikkhu Bodhi, Boston: Wisdom Publications, 2000

pensamiento. Una de las técnicas del pensamiento positivo es aprender a calmar la mente de mono, a encontrar la tranquilidad en la concentración.

En psicología, la mente de mono se denomina pensamiento excesivo. Este patrón de pensamiento implica pensamientos incontrolables o intrusivos que impiden mantener la concentración en algo. A menudo se asocia con la obsesión por lo que puede ocurrir en el futuro o por los acontecimientos pasados. A menudo se centra en cómo se podría haber actuado de forma diferente para obtener un resultado mejor. Repetir constantemente los acontecimientos del pasado o tratar de predecir cómo pueden resultar los acontecimientos futuros es completamente improductivo. No puedes cambiar el pasado. La capacidad de controlar el futuro es limitada. En cambio, debes aprender a centrar toda tu atención y energía en el momento presente.

Cuando pensar demasiado se convierte en un problema

Hasta cierto punto, todos pensamos demasiado. El mundo moderno puede ser un lugar agitado con demandas que compiten por nuestro tiempo y atención. En esta situación, es rara la persona que puede permanecer tranquila todo el tiempo. La mayoría de las personas tienen ocasionalmente problemas para dormir. Esto suele deberse a que están preocupados por el pasado o el futuro.

El exceso de pensamiento sólo se convierte en un problema grave cuando es crónico y te afecta a largo plazo. Si sufres de exceso de pensamiento crónico, esto impacta en tu capacidad de relacionarte con otras personas y te dificulta funcionar eficazmente cada día. Pensar en exceso te deja estresado, cansado y centrado en pensamientos negativos como: "¿He *dicho lo correcto?*" "*¿Pareceré estúpido en la reunión de mañana?*"

Cuando no puedes hacer las cosas porque tienes miedo de fracasar o de repetir los errores del pasado, o cuando no puedes concentrarte en lo que estás haciendo porque te preocupa el pasado o el futuro, el pensamiento excesivo puede convertirse en un trastorno que afectará todo lo que hagas. Puede provocar ansiedad y estrés, y se asocia al trastorno obsesivo-compulsivo e incluso a la depresión.

¿Sufres de exceso de pensamiento crónico?

Los síntomas del exceso de pensamiento

¿Cómo saber si eres una persona que piensa demasiado? Hay una serie de síntomas físicos y mentales. Si los padeces, es posible que estés pensando en exceso. Estos son algunos de los principales problemas físicos del pensamiento excesivo:

Insomnio. Este es un síntoma clásico del exceso de pensamiento, aunque no todo el insomnio está causado por el exceso de pensamiento. ¿Te parece que cuando intentas dormir, tu mente empieza a correr de repente? ¿Parece no tener control sobre lo que hace y acabas sintiéndote ansioso, estresado e incapaz de dormir?

Dolores de cabeza. Los dolores de cabeza tienen diversas causas. Pueden ser el resultado de una presión arterial alta o una reacción a una tensión física en el cuerpo. También pueden tener causas emocionales, procedentes del estrés, la depresión y la ansiedad. Pensar demasiado es una causa común de los dolores de cabeza. Si sufres dolores de cabeza frecuentes, el exceso de pensamiento puede ser el origen.

Dolores musculares y articulares. Cuando estamos estresados o ansiosos, estas emociones afectan directamente a nuestro cuerpo. Podemos tensar los músculos sin darnos cuenta, adoptando posturas extrañas. Mantener esta actitud durante un tiempo prolongado provoca dolores musculares y articulares. Es posible que experimentes dolor de hombros, cuello y espalda. Si sufres estos síntomas, pueden estar causados por el exceso de pensamiento.

La fatiga. La falta de sueño, el estrés constante y los dolores y malestares son un lastre para nuestra energía. No es de extrañar que pensar en exceso también provoque fatiga. Si te sientes constantemente cansado, pensar demasiado puede ser la causa.

Además de los síntomas físicos, el pensamiento excesivo también puede reconocerse por los patrones de pensamiento. Estos son algunos de los procesos mentales más comunes asociados al pensamiento excesivo:

La ansiedad. ¿Te sientes obligado a planificar cada acontecimiento futuro hasta el último detalle? ¿Te preocupas por los acontecimientos futuros? ¿Sufres de ansiedad flotante, en la que se siente ansioso sin una causa obvia? ¿Consumes alguna vez alcohol o drogas para reducir tus sentimientos de ansiedad? Un cierto grado de ansiedad es normal, sobre todo si anticipamos un acontecimiento difícil o desafiante. La ansiedad constante no es normal y puede ser un síntoma de exceso de pensamiento.

El exceso de análisis y el miedo al fracaso. ¿Cómo te sientes cuando piensas en el futuro? ¿Te sientes confiado y tranquilo? ¿O te sientes ansioso, obligado a pensar en todos los escenarios posibles con exhaustivo detalle? ¿Te obsesionas alguna vez con los acontecimientos pasados, analizándolos desde todos los ángulos posibles?. ¿Has evitado alguna vez hacer algo por miedo a no rendir bien? Pensar demasiado suele estar asociado a la necesidad de controlar el mundo que te rodea. Al analizar el pasado y considerar lo que puede ocurrir en el futuro, imaginamos que podemos moldear ese futuro para evitar el fracaso. Si te encuentras analizando las cosas al detalle, puede que estés pensando en exceso.

No estar en el presente. Lo que ocurrió en el pasado no puede cambiarse. Lo que puede ocurrir en el futuro es difícil de predecir e imposible de controlar por completo. La única parte de tu vida en la que ejerces un control absoluto es el instante presente. Si tu mente está preocupada por el pasado o por el "qué pasaría si..." del futuro, no puedes dar toda tu energía y atención a lo que estás haciendo ahora mismo. El pasado es en gran medida irrelevante, y la forma más eficaz de dar forma al futuro es hacer lo mejor posible ahora. Pensar demasiado nos hace rendir menos porque nos distrae del momento presente.

Pensamiento excesivo y trastorno de ansiedad generalizada

Pensar en exceso puede estar relacionado con un problema subyacente, como el trastorno de ansiedad generalizada (TAG). El TAG se caracteriza por una preocupación y ansiedad constantes e inespecíficas. Esto significa que no estás preocupado por algo en particular, sino que te encuentras en un estado constante de ansiedad. E incluso puedes sufrir ataques de pánico que no tienen una causa directa evidente. Es posible que te preocupes por las cosas más de lo necesario. Puedes pensar y planificar constantemente lo que sucederá en el futuro.

El TAG hace que las preocupaciones y los miedos dominen tus pensamientos y tu vida. Te impide alcanzar sus objetivos y adoptar comportamientos saludables. Diagnosticar el TAG puede ser difícil. Al fin y al cabo, es perfectamente normal e incluso útil pensar en un acontecimiento futuro y considerar lo que puedes hacer para que tenga éxito. Pensar en acontecimientos futuros es una buena forma de reducir el miedo y planificar qué hacer nos hace más seguros. La diferencia entre el trastorno de ansiedad generalizada y el pensamiento sano es sólo una cuestión de grado. Si crees que puedes sufrir un trastorno de ansiedad generalizada, debes buscar ayuda de un médico cualificado.

Las personas que padecen TAG están sometidas a un bombardeo constante de preocupaciones y pensamientos intrusivos que no pueden frenar ni controlar. Se encuentran atrapadas en ciclos de pensamientos negativos, temiendo el cambio o la incertidumbre. Se ven abrumados por sentimientos repentinos de ansiedad e incluso de miedo que no pueden controlar ni explicar.

El TAG es muy común. La mayoría de los estudios demuestran que, por ejemplo, más del 3% de la población (más de siete millones de personas) de Estados Unidos padece TAG, y las mujeres tienen el doble de probabilidades de estar afectadas que los hombres. El TAG se desarrolla gradualmente y puede estar causado por factores ambientales y experiencias vitales estresantes. El TAG se manifiesta de forma similar al pensamiento excesivo, pero también puede provocar un aumento del ritmo cardíaco, respiración rápida, sudoración, temblores y problemas digestivos.

El TAG no es una enfermedad mental. Algunas personas utilizan fármacos para reducir sus efectos, pero este trastorno también puede mejorarse adoptando los hábitos del pensamiento positivo.

Pensamiento excesivo y TOC

Otro trastorno que suele asociarse con el exceso de pensamientos es el trastorno obsesivo-compulsivo (TOC). Al igual que el TAG, suele caracterizarse por una preocupación excesiva, pero se manifiesta de forma diferente. Las personas que padecen el TOC pueden sentir que tienen que realizar ciertas acciones para mantenerse a salvo. A veces, éstas son al menos relativamente racionales, como lavarse las manos con frecuencia por miedo a los gérmenes y a la suciedad. Otras veces no tienen ninguna base objetiva, como la necesidad compulsiva de contar todos los objetos azules al entrar en una habitación o la necesidad de tocar ciertos objetos en un orden determinado antes de salir de una habitación.

Lo que tienen en común todos los comportamientos del TOC es que la persona que los padece cree que actuar de una determinada manera tendrá un efecto concreto. Pueden creer, por ejemplo, que tocar un objeto un determinado número de veces antes de salir de casa les garantiza que estarán seguros durante un viaje. Objetivamente, saben que ambas cosas no están relacionadas, pero se sienten obligados a completar el ritual y sienten ansiedad, preocupación o incluso pánico si no lo hacen.

Al igual que el TAG, la gravedad del TOC es una cuestión de grado. La mayoría de las personas tienen comportamientos habituales, rituales que completan sin pensar conscientemente. Comprobar que la puerta principal está bien cerrada antes de salir de casa, por ejemplo, es algo que muchos de nosotros hacemos, aunque no sea necesario. Hemos cerrado la puerta cientos de veces antes y sabemos cuándo es segura, pero, aun así, probamos la puerta después de cerrarla, sólo para estar seguros. Estos comportamientos se convierten en un problema cuando empiezan a afectar nuestro comportamiento y a las interacciones con otras personas. También se convierten en un problema cuando experimentamos sentimientos de pánico cuando no somos capaces de completar estas acciones.

Pensamiento excesivo e insomnio

Uno de los efectos más agobiantes del exceso de pensamiento es el insomnio crónico. El insomnio se define como un problema para dormir que dura un mes o más. El insomnio crónico es un problema grave. Puede causar un mayor riesgo de:

- Golpe
- Convulsiones
- Sistema inmunitario debilitado
- Diabetes
- Presión arterial alta
- Enfermedades del corazón

La fatiga resultante del insomnio puede hacer que corras más riesgo de sufrir un accidente, y puede hacerte más propenso a sufrir trastornos mentales como ansiedad, confusión y depresión. Por supuesto, el insomnio no sólo se origina en el exceso de pensamientos. El estrés, las preocupaciones e incluso factores como la dieta pueden afectar al sueño, aunque suelen desencadenar episodios agudos de insomnio que sólo duran una o dos noches.

El pensamiento excesivo está asociado al insomnio crónico, en particular al insomnio de inicio y al insomnio de mantenimiento. El insomnio de inicio significa que se tiene dificultad para conciliar el sueño. Cuando está causado por el exceso de pensamiento, suele significar que, por muy cansado que te sientas, cuando cierras los ojos e intentas dormir, tu mente empieza a correr. Es posible que se concentre en pensamientos negativos y preocupaciones sobre el futuro. En el insomnio de mantenimiento, es posible que te despiertes repentinamente del sueño, a menudo sintiéndote ansioso y preocupado, aunque tu insomnio puede no tener una causa específica. Cuando estás despierto, te resulta muy difícil volver a dormir.

Ambos tipos de insomnio son igualmente perjudiciales. Si tu insomnio se debe a un exceso de pensamientos, utilizar las técnicas del pensamiento positivo te ayudará a dormir mejor. En el Capítulo 9 encontrarás consejos para tratar el insomnio.

Capítulo 3: Cómo entrenar a tu crítico interior

Todos tenemos un crítico interior, esa vocecita dentro de nuestra cabeza que nos hace comentarios sobre nuestra vida. Sin embargo, si ese crítico interior es implacablemente negativo, puede hacer que sea mucho más difícil adoptar las técnicas y los hábitos del pensamiento positivo. Este capítulo explica el papel de tu crítico interior, te ayuda a reconocer los mensajes que envía y te ofrece formas de cambiar lo que te dice.

¿Cuál es tu crítico interior?

Tu crítico interior es un término utilizado para describir el monólogo interno que todos experimentamos. A veces se le llama una voz interior que nos habla, y es especialmente activa a la hora de juzgar lo que hemos hecho. A nuestro crítico interior no le gusta nada más que insistir en un fracaso o un contratiempo. Nos dirá sin cesar que las cosas salieron mal porque simplemente no éramos lo suficientemente buenos. Si no lo controlamos, nuestro crítico interior puede dejarnos sin confianza en nosotros mismos y dudar de nuestra propia capacidad.

El término crítico interior se utiliza generalmente en la psicología popular. No es un término formal y académico. En cierto modo, el crítico interior es similar al concepto Freudiano de superego, un narrador mental que actúa como mediador y fomenta un comportamiento acorde con las normas sociales. El crítico interior suele ser mucho más negativo. Esta molesta voz interior cuestiona todo lo que hacemos, insiste en los fracasos y socava los logros. Incluso las personas aparentemente seguras de sí mismas y con éxito pueden sufrir este crítico interior, dejándoles sentimientos injustificados como la culpa y la incapacidad.

¿Recuerdas el ejemplo del Capítulo 1 de una situación en la que haces un examen y sacas un 90%? El crítico interior es la parte de tu cerebro que, en lugar de celebrar tu logro, se centrará en obsesionarse con cómo has conseguido perder ese último 10%. Afortunadamente, es posible reeducar a tu crítico interior para que esta voz constante sea más sana y menos destructiva.

El crítico interior versus el criador interior

El crítico interior no está solo dentro de tu cabeza. También tienes lo que algunos psicólogos llaman un criador interior. Esta voz es la opuesta a la del crítico interior. Elogia nuestros logros y nos da ánimos y autocompasión. El problema es que la voz del crítico interior suele ser mucho más fuerte, superando lo que nos dice el criador interior.

Cuando estas dos voces internas están desequilibradas a favor del crítico interior, nos volvemos temerosos de cometer errores. Evitamos pasar a la acción debido a este miedo. Pero la acción es el único camino hacia el éxito y el aprendizaje. Si nos sentimos tan dominados por nuestro crítico interior que tenemos miedo de intentar algo nuevo o de arriesgarnos, nuestras vidas se ven disminuidas. Con el tiempo, nuestra confianza en nosotros mismos se erosiona y nuestra voluntad de esforzarnos se ve seriamente mermada.

¿Cómo puedes saber si tu crítico interior ha superado a tu criador interior? Intenta hacerte estas preguntas:

> **¿Alguna vez te has enfadado de forma injustificada contigo mismo?** Piensa en las circunstancias. ¿Este enfado estaba realmente justificado? Si otra persona hubiera hecho lo mismo que tú, ¿te habrías enfadado tanto con ella?

> **¿Alguna vez te gritas a ti mismo dentro de tu cabeza, diciéndote que eres un idiota o que simplemente no eres bueno?** De nuevo, intenta dar un paso atrás y pensar en la situación de forma objetiva. ¿Has actuado realmente de forma estúpida o irresponsable?

> **¿Te has dicho alguna vez que eres una persona mala o inútil?** Estos son mensajes comunes de un crítico interior activo. La mayoría de las veces, simplemente no son ciertos.

Tu crítico interior tiene unas expectativas poco realistas y siempre parece dispuesto a señalar que no estás cumpliendo esas expectativas. ¿De dónde viene esta voz insistente y negativa?

Cómo afrontar un trauma vergonzoso

Para muchas personas, una crítica interior implacablemente negativa suele provenir de experiencias pasadas, y en particular de traumas. El trauma es una respuesta emocional a una situación o acontecimiento angustioso. Puede tratarse de un acontecimiento que te haya afectado directamente, de algo que hayas presenciado o incluso de algo que hayas oído o leído (lo que se denomina *"trauma vicario"*). La respuesta al trauma difiere de una persona a otra. Para algunas personas, el impacto del trauma puede ser duradero (trauma crónico) y puede causar una serie de problemas como exceso de pensamiento, ansiedad e insomnio. También puede amplificar el efecto de tu crítico interior.

El suceso o sucesos traumáticos pueden ser muy antiguos, quizás incluso de la infancia, y es posible que ni siquiera te des cuenta de que te está afectando ese trauma. Una respuesta común al trauma es sentir que, de alguna manera, podrías haber evitado la situación que condujo al trauma. A menudo esa opinión es falsa, pero sentirse así puede conducir a emociones que incluyen un intenso sentimiento de culpa. Este tipo de trauma se conoce como "*trauma vergonzoso*".

Los acontecimientos traumáticos varían en intensidad y duración. Pueden abarcar desde actos aislados de violencia o abusos o agresiones sexuales hasta lo que, a primera vista, parecen traumas de mayor duración, pero de menor importancia. Por ejemplo, un padre constantemente insolidario y negativo puede causar un trauma. Lo que inicia el trauma vergonzoso no es importante. Lo que importa es cómo te afecta. Para reducir el impacto de ese trauma, lo primero que tienes que hacer es afrontarlo conscientemente. Para ayudarte a conseguirlo, puedes utilizar el segundo ejercicio del Capítulo 9, *Crear una narrativa del trauma.*

El impacto del trauma puede restringir tu capacidad de pensar positivamente al aumentar el poder de tu crítico interior. Para algunas personas, la voz de ese crítico interior puede tener su origen en el trauma. Si escuchas con atención, incluso puedes ser capaz de identificar la voz de tu crítico interior como una voz de tu pasado. Puede ser, por ejemplo, la voz de un padre insolidario, de un hermano competitivo o de un profesor estricto y crítico. Escuchar la voz y reconocer el trauma del que proviene puede ayudar a disminuir su efecto.

A menudo, el trauma tiene sus raíces en la experiencia de la infancia. Una forma eficaz de abordarlo es escribirse una carta a sí mismo cuando era niño. En el Capítulo 9 encontrarás orientación sobre cómo hacerlo.

Superar los mensajes engañosos del cerebro

Tu crítico interior no es la única parte de tu mente que puede generar mensajes confusos y poco útiles. A veces, caemos en hábitos de pensamiento que son poco útiles o incluso perjudiciales. En psicología, este patrón se conoce como la Ley de Hebb. Cuando las células nerviosas del cerebro se activan con el mismo patrón repetidamente, acaban formando un circuito neuronal fijo. Cuanto más se utiliza este circuito, más fuerte se vuelve. En otras palabras, cuando uno reacciona repetidamente de una manera determinada ante un estímulo concreto, esa reacción acaba fijándose en el cerebro. Se convierte en algo que haces sin pensar conscientemente.

Este patrón conduce a la formación de hábitos. Estos hábitos pueden ser poderosos impulsores del comportamiento. Por ejemplo, si reaccionas al estrés comiendo alimentos ricos en calorías, algo que se conoce como "*alimentación reconfortante*", tu cerebro puede establecer una asociación directa entre el alivio del estrés y la alimentación. Cuando sientes estrés, tu cerebro te dice que la respuesta adecuada es comer más. Esta asociación puede convertirse en parte de un estilo de vida poco saludable.

El destacado psiquiatra investigador Jeffrey Schwartz[10] describe los circuitos cerebrales fijos que pueden conducir a comportamientos insanos y poco útiles como "*mensajes cerebrales engañosos*". Además de provocar comportamientos físicos, estos mensajes también pueden conducir a respuestas emocionales inadecuadas. Tu cerebro puede quedar atrapado en un patrón de negatividad, que te lleva a asumir que fracasarás en cualquier cosa que intentes hacer.

La buena noticia es que estos patrones de pensamiento poco útiles pueden sustituirse por un enfoque más positivo. Tu cerebro es capaz de cambiar a través de la plasticidad. Simplemente adoptando regularmente

---

[10] Schwartz, Jeffrey M, and Gladding, Rebecca. *You Are Not Your Brain: The 4-Step Solution for Changing Bad Habits, Ending Unhealthy Thinking, and Taking Control of Your Life*. Avery, 2011.

las técnicas del pensamiento positivo, puedes cambiar tu respuesta
habitual de negativa a positiva.

Para obtener más información sobre la neuroplasticidad autodirigida y el
enfoque de cuatro pasos de Jeffrey Schwartz, lee nuestro libro sobre
Dominio de la Fuerza Mental.

Aprender a comprender y dominar tus emociones

Sentirse emocionado es una parte fundamental del ser humano. Todos sentimos emociones, por muy tranquilos y serenos que parezcamos por fuera. Un problema para muchas personas es que no entienden realmente sus propias emociones, salvo de la manera más superficial. Reconocen cuando sienten miedo, vergüenza o rabia, pero no entienden de dónde vienen esas emociones ni qué las desencadena. Sin embargo, las personas de éxito que viven una vida plena no sólo aprenden a reconocer sus propias emociones, sino que también utilizan este conocimiento para asegurarse de que esas emociones no guían sus decisiones.

Dentro de la psicología, la capacidad de comprender plenamente las propias emociones se mide con algo llamado cociente emocional (CE). Al igual que el cociente intelectual (CI) se utiliza para evaluar la capacidad cognitiva, el cociente emocional se utiliza para medir la capacidad de una persona para reconocer y manejar sus propias emociones. El cociente emocional es un tema complejo, pero se refiere principalmente al desarrollo de la autoconciencia emocional.

El autoconocimiento es el primer y más importante paso para dominar tus emociones. La autoconciencia emocional puede parecer sencilla, pero no lo es. A menudo dejamos de lado las emociones, acostumbrándonos tanto a ellas que ya no nos damos cuenta de nuestras reacciones. La autoconciencia significa aprender a reconocer las propias emociones. También significa ser capaz de separar las diferentes emociones y ver de dónde vienen y qué las causa. Las emociones rara vez son simples. Suelen estar formadas por conjuntos complejos de sentimientos que interactúan para proporcionar una emoción generalizada. Las personas con una alta Inteligencia Emocional no sólo son capaces de reconocer sus propias emociones, sino que son capaces de separarlas.

Por ejemplo, reconoces que sientes temor ante una próxima entrevista de trabajo. Si lo examinas con más detenimiento, puedes darte cuenta de que ese temor proviene en parte del miedo al fracaso. Ese miedo puede deberse en realidad a no querer decepcionar a tu familia o a una persona en particular. Puede que sientas celos y creas que un colega que también está haciendo la entrevista tiene más posibilidades de conseguir el trabajo. Puedes sentirte ansioso porque crees que no tiene todas las aptitudes necesarias para realizar el trabajo. Puedes sentirte aprensivo porque tienes un historial de desacuerdos y conflictos con el entrevistador.

Comprender plenamente los elementos que componen una emoción global reduce el impacto de esa emoción. Si vas a esa entrevista de trabajo sintiendo miedo, ansiedad, enfado, celos y aprensión, es muy poco probable que rindas bien. Si entiendes cómo te sientes y por qué, esa claridad te permite autogestionar tus emociones. Aprender a comprender tus propios sentimientos también te hace más empático. La empatía te permite comprender los sentimientos de los demás y ver cómo esas emociones afectan tu comportamiento.

Si tus acciones se rigen por sentimientos que apenas reconoces, tomarás decisiones basadas en el miedo, los celos, etc. Rara vez serán decisiones positivas o útiles. Para convertirte en un pensador positivo, debes aprender a comprender y ser consciente de tus propias emociones.

Para obtener más información y ejercicios sobre cómo aprender a comprender tus propios sentimientos, consulta nuestro libro sobre la Dominio de la Fuerza Mental.

Escucha a tu sabio defensor

Hemos hablado largo y tendido sobre tu crítico interior, esa voz interior negativa que parece socavar todo lo que te propones. Ahora, es el momento de aprender a potenciar la influencia de tu criador interior, la voz interior que realmente te ayuda y te apoya.

En su exitoso libro de autoayuda de 2011 *Usted no es su cerebro: La solución de 4 pasos para cambiar los malos hábitos, acabar con los pensamientos poco saludables y tomar el control de tu vida* [11], los psiquiatras Jeffrey Schwartz y Rebecca Gladding acuñaron un nuevo término para una versión mejorada del criador interior. Lo llamaron el *"sabio defensor"*. Más tarde, Jeffrey Schwartz colaboró en un libro dedicado exclusivamente a este tema [12], y el *"sabio defensor"* se ha convertido en un concepto ampliamente aceptado para promover el bienestar mental.

El propósito del enfoque del sabio defensor es sencillo: Está pensado para potenciar tu criador interior y superar los mensajes negativos de tu crítico interior.

Esta técnica comienza con la visualización de una persona. Tu sabio defensor puede ser un pariente (vivo o muerto), una persona real que no conozcas o una figura histórica. Incluso puede ser un personaje de ficción. La persona debe ser alguien que puedas visualizar con gran detalle y cuya inteligencia y conocimientos respetes. Esta persona imaginada debe ser íntegra y honesta y, lo más importante, debe estar comprometida con lo que es mejor para ti.

Cuanto más detallada sea la visualización de esta persona, mejor. ¿Cómo va vestida, cómo habla, dónde está? La esencia de esta técnica es sencilla: Imagina que mantienes una conversación con esa persona. Puedes

---

[11] Schwartz, Jeffrey M, and Gladding, Rebecca. *You Are Not Your Brain: The 4-Step Solution for Changing Bad Habits, Ending Unhealthy Thinking, and Taking Control of Your Life*. Avery, 2011.

[12] Jeffrey Schwartz, Josie Thomson, Art Kleiner, *The Wise Advocate: The Inner Voice of Strategic Leadership*, Columbia Business School Publishing, 2019.

describirle una situación que te preocupa o simplemente pedirle que te oriente o te tranquilice. Siempre están ahí y dispuestos a charlar. Escucha los consejos que le dan.

Esta técnica es una forma excelente de ser más objetivo en situaciones y sentimientos que pueden ser confusos y complejos. Imaginar el consejo que podría dar una persona inteligente y comprensiva te permite alejarte de la situación y verla con más claridad. También ayuda a reducir el efecto de tu crítica interna negativa.

Crear tu propio sabio defensor es un paso importante para convertirte en un pensador positivo. Empieza ya a construir la imagen de tu sabio defensor. Intenta pedirle consejo, tranquilidad u orientación. Empieza con algo pequeño y utiliza a tu sabio defensor para tratar problemas menores. Cuando te sientas cómodo con el uso de esta técnica, descubrirás que puedes aplicarla eficazmente a muchos aspectos de tu vida.

Capítulo 4: La mentalidad del pensamiento positivo

Hasta ahora hemos visto principalmente los elementos del pensamiento positivo y los problemas que pueden impedirlo. Ahora, es el momento de empezar a considerar cómo puedes unir estos conceptos para construir la mentalidad que necesitas.

Sin embargo, antes de empezar, detente un momento para considerar lo que has aprendido hasta ahora.

- ¿Has evaluado tu mentalidad actual y has identificado las áreas problemáticas?
- ¿Comprendes plenamente los beneficios del pensamiento positivo? Cambiar de mentalidad no es fácil, y tendrás que tener en cuenta los beneficios para tener la motivación que necesitas.
- ¿Sufres de exceso de pensamientos?
- ¿Es tu crítico interior un problema y entiendes los traumas del pasado que lo hacen más poderoso?
- ¿Sufres de insomnio o de alguna de las otras manifestaciones físicas del pensamiento negativo, del exceso de pensamientos o de la falta de autoestima?
- ¿Has creado un sabio defensor que te ayude a potenciar tu nutriente interior?

Sólo si estás seguro de que entiendes dónde estás ahora y lo que necesitas hacer, deberías pensar en construir la mentalidad que necesitas. Si no estás seguro, vuelve a leer la parte correspondiente de los tres primeros capítulos y reflexiona.

Cómo el pensamiento positivo puede cambiar tu vida

"El pensador positivo ve lo invisible, siente lo intangible y logra lo imposible".

Winston Churchill

Tus pensamientos determinan cómo te sientes en tu vida. La felicidad y la satisfacción no son condiciones objetivas que existan en el exterior. Sólo están presentes en tu propia mente. Si no eres feliz, la respuesta no es intentar cambiar tu entorno o simplemente comprar más posesiones. La publicidad nos dice que los objetos que poseemos definen lo que los demás piensan de nosotros. Implica que, si poseemos los objetos adecuados, seremos felices. Esto no es cierto. Se ha dicho que la vida consiste en un 10% de lo que te ocurre y un 90% de lo que piensas al respecto. Aunque tu vida esté llena de personas maravillosas y posesiones preciosas, puedes seguir siendo negativo. Si quieres ser feliz y encontrar la plenitud, primero tienes que abordar tu forma de pensar. Por eso es tan importante el pensamiento positivo.

"Para llevar a cabo una acción positiva, debemos desarrollar una visión positiva".

El Dalai Lama

Los estudios demuestran que el pensamiento positivo puede incluso ayudar a combatir la enfermedad. Un trabajo presentado por el profesor Leslie G. Walker (catedrático de rehabilitación del cáncer en la Universidad de Hull) en una conferencia de la Sociedad Británica de Psicología en el año 2000 señalaba que los pacientes con cáncer a los que se les enseñaban técnicas de relajación y pensamiento positivo experimentaban una mejor calidad de vida. Sin embargo, también desarrollaron más glóbulos blancos necesarios para combatir la enfermedad.

"El pesimismo conduce a la debilidad, el optimismo al poder".

William James

El pensamiento positivo no sólo mejora tu salud física. Te ayuda a conseguir lo que quieres en la vida. Las personas que tienen más éxito visualizan lo que quieren y luego idean formas de conseguirlo. Visualizar este resultado positivo les hace felices. Cuando visualizas algo que te hace feliz, tu cerebro libera endorfinas, que te dan una sensación generalizada de bienestar. Este efecto es tan poderoso como hacer realmente algo que te hace feliz, y refuerza tu sensación de bienestar y fomenta la mentalidad positiva.

"Maravillosa es la fuerza de la alegría, y su poder de resistencia: el hombre alegre hará más en el mismo tiempo, lo hará; mejor, lo conservará más tiempo, que el triste o el hosco".

Thomas Carlyle

Convertirse en un pensador positivo no te garantizará que nunca seas infeliz, ni te traerá automáticamente el éxito o la riqueza. Sin embargo, te aportará más satisfacción de la que creías posible y te ayudará a alcanzar tus objetivos. También aumentará tu confianza en tí mismo y mejorará tu imagen. El pensamiento positivo también es contagioso. Piensa en cómo te sientes cuando pasas tiempo con alguien que es optimista y confiado. También sientes que tus emociones se potencian hasta que tú también te sientes feliz y positivo.

"Mantener mis comportamientos positivos. Los comportamientos se convierten en mis hábitos. Mantén mis hábitos positivos. Los hábitos se convierten en mis valores. Mantén mis valores positivos. Los valores se convierten en mi destino".

Mahatma Gandhi

Las personas con más éxito se arriesgan. Ven oportunidades potenciales y están dispuestas a asumir los riesgos necesarios para convertirlas en realidad. El pensamiento positivo no sólo te permitirá arriesgarte con confianza, sino que también te permitirá enfrentarte a sus miedos. El pensamiento positivo te permitirá incluso afrontar el fracaso de forma constructiva si todo sale mal.

El pensamiento positivo puede mejorar todos los aspectos de tu vida. Algunas personas afirman que aprender a pensar en positivo es el cambio más significativo que puedes hacer en tu vida.

¿Estás preparado para dar la bienvenida a todas las grandes cosas que el pensamiento positivo puede hacer por ti?

Flexibilidad frente a rigidez

Lo único cierto sobre el futuro es que traerá sorpresas, algunas bienvenidas, otras no tanto. El ritmo al que el mundo está cambiando en términos de tecnología, cultura y sociedad puede parecer desconcertante. Debemos aprender a ser flexibles y a adaptarnos a estos cambios si queremos prosperar en nuestra vida personal y profesional.

Afortunadamente, nuestros cerebros son muy buenos en lo que a veces se llama pensamiento "elástico". Considera la diferencia entre un cerebro humano y un ordenador. El ordenador está completamente gobernado por algoritmos que definen cómo responderás en cualquier situación. El ordenador no puede pensar más allá de los algoritmos con los que ha sido programado. El cerebro humano no es así. Es capaz de dar saltos intuitivos que superan la capacidad de cualquier máquina. Aprovecha la perspicacia y el pensamiento no lineal para generar creatividad, para ver lo que puede ser posible en lugar de preocuparse sólo por lo que existe ahora. Un ordenador puede trazar la ruta más eficiente desde su casa hasta su lugar de trabajo. Un ordenador no podría haber inventado el automóvil porque carece de la capacidad de ver más allá del presente.

El pensamiento positivo fomenta y apoya la flexibilidad. Reduce el miedo, incluido el miedo a lo desconocido, y nos permite, en cambio, ver oportunidades en la incertidumbre y el cambio. La combinación de positividad y flexibilidad es una herramienta poderosa en un mundo que parece estar sujeto a cambios constantes.

¿Cómo puedes desarrollar un enfoque más flexible? Empieza con cosas pequeñas.

> **Piensa en tu propia actitud ante el cambio.** Cómo te sientes, por ejemplo, si tienes planes para el fin de semana. Luego, otra persona cambia de opinión, lo que significa que esos planes ya no son válidos. ¿Te sientes resentido, enfadado, frustrado, exasperado? Haz un esfuerzo consciente para ver el lado positivo: ¿Qué puedes hacer con ese tiempo que inesperadamente tienes? ¿Puedes hacer algo que te produzca aún más placer? Intenta

aplicar esta técnica cada vez que un cambio inesperado te haga sentir irritado.

¿Con qué frecuencia pruebas algo totalmente nuevo? No se trata sólo de algo espectacular y emocionante, como probar el paracaidismo o el snowboard por primera vez. ¿Cuándo fue la última vez que fuiste a un restaurante o una cafetería que nunca habías visitado antes? ¿Cuándo fue la última vez que fuiste a un nuevo museo o galería de arte? ¿Cuándo intentaste tomar una ruta completamente diferente para ir al trabajo? ¿Cuándo has ido a algún lugar nuevo para dar un paseo? ¿Siempre lees el mismo periódico o ves el mismo servicio de noticias en línea? ¿Siempre sales con el mismo grupo de personas? ¿Pides siempre el mismo café o la misma comida? Todos tendemos a caer en patrones de comportamiento que nos llevan a hacer siempre lo mismo, una y otra vez. Nos sentimos cómodos y seguros, y la idea de hacer algo diferente puede parecer un poco aterradora. Haz un esfuerzo consciente cada semana para experimentar algo nuevo, por pequeño que sea.

¿Tienes una rutina fija para tus días y semanas? ¿Haces siempre las mismas cosas en el mismo orden? Prueba a mezclar un poco las cosas. Ve al gimnasio un martes en lugar de un jueves. Ve a comer antes o después. Ve una película un domingo por la noche en lugar de un sábado. Cada semana, haz el esfuerzo de variar tu rutina de alguna manera.

Por sí solos, estos cambios pueden parecer triviales. Pero te ayudan a aclimatarte a ser más flexible en tu forma de pensar y fomentan un enfoque más positivo del cambio. Una vez que desarrolles esta habilidad, podrás aplicarla con el mismo éxito a los grandes cambios que la vida te depare.

Reafirmando tus valores de vida y objetivos

Todos tenemos valores fundamentales, las cosas que nos importan profundamente. La mayoría de nosotros también tenemos objetivos por los que trabajamos. Sin embargo, para muchas personas, éstos quedan sumergidos por la avalancha de exigencias que conlleva el día a día. Perdemos el contacto con esos valores y nuestros objetivos se vuelven vagos y a corto plazo. Se centran en nuestro día a día, no en nuestras esperanzas y aspiraciones para el futuro. Esos valores y objetivos son los que deberían sostenernos en la adversidad. Las personas con más éxito tienen objetivos y valores claramente definidos, y dedican tiempo a pensar en cómo pueden alcanzar esos objetivos. Es hora de volver a estar en contacto con lo que te importa.

Empecemos por los valores personales. En términos sencillos, son las características y comportamientos que valoramos. Intentamos alcanzarlos en nuestra propia vida y los apreciamos en los demás. Si nos comportamos de acuerdo con estos valores, nos sentimos bien. Si nos comportamos de forma que niega estos valores, nos sentimos mal. Por ejemplo, digamos que uno de tus valores fundamentales es la amabilidad. Te encuentras en un grupo de personas que están siendo poco amables con alguien. Si hablas y tratas de detener esa falta de amabilidad, te sentirás bien contigo mismo. Si no dices nada y dejas que ese comportamiento continúe, te sentirás mal contigo mismo. Es así de sencillo.

Sin embargo, identificar tus valores fundamentales es más difícil de lo que imaginas. También son totalmente personales. Una persona puede valorar la seguridad y la calma, mientras que otra estará motivada por el deseo de aventura y emoción. No hay una respuesta correcta o incorrecta, se trata de ti y de tus sentimientos.

Escribe una lista de lo que te hace sentir bien. Puede ser cualquier cosa: circunstancias, situaciones, personas, incluso películas y programas de televisión. Puedes describir una situación reciente que te haga sentir feliz u orgulloso. Céntrate en las emociones positivas.

Ahora, escribe una lista de cosas que te hacen sentir infeliz, enfadado o frustrado. De nuevo, sé creativo. ¿Hay noticias recientes que te hayan enfadado, o películas o programas de televisión que no te hayan gustado? ¿Hay personas con las que no te gusta pasar tiempo? ¿Hay alguna situación reciente que te haya hecho sentirte avergonzado, culpable, o incluso en la que te sientas mal?

Utiliza estas dos listas para elaborar una lista condensada de lo que te ha hecho feliz. Intenta reducirlas a palabras positivas como amabilidad, integridad, generosidad, valor, perseverancia, honestidad o inteligencia. Por ejemplo, si viste una película que te hizo sentir bien, piensa en los atributos y acciones de los personajes que te hicieron sentir así. ¿Qué cualidades mostraron? Ahora, haz una lista de las cosas que te hacen infeliz. De nuevo, busca palabras sueltas como egoísmo, deshonestidad, hostilidad, traición o egoísmo. De nuevo, intenta identificar las cualidades en cuestión, ya sean tuyas o de otra persona.

Ahora tienes dos listas probablemente opuestas. Si la honestidad está en tu lista de cualidades que te hacen feliz, lo más probable es que la deshonestidad esté en la otra lista. Utiliza estas listas para elaborar una única lista de tus valores fundamentales, las cosas que más te importan. Puede que quieras volver a las listas si se te ocurren nuevas cosas que añadir a ellas. Puede que incluso te sorprendas de las cosas que le hacen feliz. A veces, nuestros valores personales pueden perderse en la frenética carrera de la vida. Pensar en positivo significa tomarse el tiempo necesario para redescubrir nuestros valores fundamentales y luego actuar de acuerdo con ellos. Guarda la lista, úsala como recordatorio y trata de actuar siempre de forma correcta.

Ahora que has identificado tus valores, es el momento de pensar en los objetivos. Los objetivos son las cosas que quieres conseguir y están vinculados a los valores. Sin embargo, aunque los valores suelen ser innatos, debes crear tus propios objetivos.

¿Qué quieres conseguir en el próximo mes? ¿Los próximos seis meses? ¿El próximo año? ¿Los próximos cinco años? La mayoría de nosotros tenemos aspiraciones, pero a menudo son vagas e indefinidas. Tener objetivos claros es importante y te ayuda a ser positivo. El pensamiento positivo te ayudará a alcanzar tus objetivos. Pero, ¿cómo decides cuáles son los objetivos? Los objetivos son muy personales. Son los logros que te importan a ti, no a nadie más. Sólo tú puedes decidir cuáles son tus objetivos, pero para que sean efectivos, los objetivos deben ser ESMART.

ESMART es un acrónimo utilizado en el mundo de las empresas para garantizar que el establecimiento de objetivos sea eficaz y conduzca a un cambio positivo. Significa:

Específicos. Cuanto más específico sea un objetivo, más fácilmente podrás ver lo que tienes que hacer para conseguirlo. No te pongas un objetivo como: "Voy a *conseguir un trabajo mejor"*. Especifica con precisión qué trabajo o trabajos estás buscando. Entonces, podrás ver qué experiencia o cualificaciones necesitarás para conseguir ese trabajo. Cuanto más específicos sean tus objetivos, más probabilidades tendrás de alcanzarlos.

Medibles. Los objetivos sólo funcionan si se puede saber cuándo se han alcanzado. Por ejemplo, un objetivo como *"quiero ser feliz"* no sirve. Todo el mundo experimenta periodos de felicidad e infelicidad. No hay forma de saber cuándo se ha alcanzado un determinado nivel de felicidad, y nunca se llegará a un punto en el que se deje de experimentar infelicidad. En su lugar, céntrate en objetivos que, en cualquier momento, puedas decir si sigues trabajando para alcanzarlos o si los has conseguido.

Alcanzables. Nunca confundas los sueños con los objetivos. Los objetivos son logros ya que tienes la capacidad, los conocimientos y los atributos físicos para alcanzarlos. Los sueños son vagas esperanzas que a menudo son inalcanzables.

Realista. Al igual que en el caso anterior, no te pongas objetivos que no puedas alcanzar. Conseguir objetivos puede requerir aprendizaje y desarrollo, y eso es bueno. Pero tener el objetivo de convertirte en un jugador de baloncesto profesional si mides 1,65 metros no te llevará más que a la decepción.

Tiempo. Los objetivos más eficaces tienen un punto definido en el que te propones alcanzarlos. Si fijas un tiempo para tus objetivos, te mantendrás centrado y será menos probable que procrastines.

Hay que tener en cuenta una última cosa: tus objetivos deben ser siempre positivos. Es decir, no deben consistir en evitar el fracaso, sino en alcanzar el éxito. Por ejemplo, "no quiero *estar más gordo*" no es un objetivo positivo. "Voy a estar *más sano y alcanzar mi peso objetivo*" sí lo es. El lenguaje es importante para mantener el pensamiento positivo. Volverás a estos objetivos con frecuencia, así que asegúrate de que están escritos de forma positiva.

Crea una lista de objetivos. Intenta tener al menos cuatro: Uno que consigas en el próximo mes, otro en seis meses, otro en un año y otro en cinco años. Esto no es fácil, así que tómate el tiempo necesario para elaborar una lista de objetivos que realmente te motiven. Ten todos los que quieras, pero no tantos como para que te resulte difícil recordarlos todos. Crea el hábito de revisar regularmente tus objetivos. Hazlo con la frecuencia que desees. Evalúa los progresos que has hecho y planifica cómo vas a hacer más progresos en el futuro.

Si quieres saber más sobre la fijación de objetivos, encontrarás una guía detallada en nuestro libro sobre Dominio de la Fuerza Mental.

Atención plena y meditación

Pensar en exceso es algo que hay que aprender a superar si se quiere aprender a adelgazar positivamente. Una forma muy eficaz de abordar el pensamiento excesivo es la atención plena. La palabra tiene su origen en las enseñanzas budistas y se suele relacionar con la práctica de la meditación. Sin embargo, no es necesario ser budista para meditar o encontrar la atención plena.

La atención plena es un tema complejo, y encontrarás varios libros dedicados íntegramente a este asunto. En pocas palabras, el mindfulness consiste en aprender a centrarse en el momento presente y reducir el exceso de pensamiento. Enseña que preocuparse por el futuro no tiene sentido y que sentirse culpable o arrepentido por el pasado es simplemente un desperdicio de energía. Si prestas toda tu atención a lo que estás haciendo en este momento, el futuro se ocupará de sí mismo y podrás situar mejor los acontecimientos pasados en una perspectiva adecuada. Muchas estrellas exitosas del deporte han utilizado la atención plena para mejorar su rendimiento. Los ejecutivos utilizan cada vez más esta técnica para mejorar su capacidad de concentración y escapar del estrés de sus ajetreadas vidas. Una vez que se aprende a hacerlo, el mindfulness o atención plena puede ser increíblemente liberador y calmante, y se puede hacer incluso mientras se realizan tareas mundanas como caminar o incluso lavar los platos.

La atención plena se asocia a menudo con la meditación. Algunas personas utilizan la meditación para encontrar la atención plena. Sin embargo, hay una serie de conceptos erróneos sobre la meditación que pueden impedirte probar este enfoque. La gente asocia la meditación con personas vestidas con taparrabos que pasan horas en la posición de loto. También suelen pensar que es algo extraño. Estas suposiciones son erróneas. Cualquiera puede aprender a meditar. No lleva mucho tiempo y se puede hacer en cualquier momento, con cualquier ropa y en cualquier posición cómoda.

Muchas personas también asumen que la meditación implica sentarse durante largos períodos sin pensar en nada. Esto tampoco es cierto. El principio central de la meditación es aprender a escuchar tu voz interior y hacer un esfuerzo consciente para frenar tu mente frenética. Para meditar, busca un lugar donde no te interrumpan y una posición cómoda. Puedes estar de pie o sentado, o incluso caminar. La posición no importa siempre que sea cómoda y no te distraiga.

Cierra los ojos y relájate. La primera vez que lo hagas, probablemente te encontrarás con un aluvión de pensamientos que compiten por la atención. Para calmarlos, puedes utilizar una de varias técnicas. Una de las más sencillas es concentrarse en la respiración. Cuenta en silencio cada vez que inhales y exhales. Intenta concentrarte en cada respiración. Otros pensamientos irán y vendrán. No te preocupes, es normal. Deja que vayan y vengan. Si te encuentras siguiendo una línea de pensamiento concreta, desconecta volviendo a centrarte en la respiración.

Eso es realmente todo lo que hay que hacer. A algunas personas les resulta más fácil utilizar la técnica budista de imaginarse a sí mismas como una puerta giratoria. Al inhalar, la puerta oscila en un sentido. Al exhalar, se balancea hacia el otro lado. Visualiza la puerta y utilízala para centrar tu meditación. Hay muchas técnicas de meditación. Experimenta para encontrar la que mejor te funcione. Al principio, tal vez quieras meditar durante sólo cinco minutos. A medida que adquieras más experiencia, es posible que quieras hacerlo durante más tiempo.

Aunque parezca sencillo, se ha demostrado que la meditación aporta muchos beneficios. Un estudio realizado por la Universidad de Yale descubrió que la meditación reduce la actividad en la red de modo por defecto (RMD), la parte del cerebro asociada al exceso de pensamiento. En 2014, el doctor Madhav Goyal y un equipo de investigadores de la Universidad John's Hopkins llevaron a cabo una investigación sobre los efectos de la meditación en la depresión. Sus conclusiones fueron sorprendentes: La meditación era tan eficaz como los fármacos antidepresivos para reducir los efectos de la depresión. Un estudio realizado en 2011 por la doctora Sara Lazar en la Universidad de Harvard descubrió que la meditación puede cambiar el tamaño de ciertas áreas del cerebro. Los sujetos recibieron sólo ocho semanas de entrenamiento de reducción del estrés basado en la atención plena (REBAP). Los escáneres cerebrales mostraron que esto condujo a un aumento de las partes del cerebro asociadas con el aprendizaje, la memoria y la regulación de las emociones. El estudio también descubrió reducciones en el tamaño de las partes del cerebro responsables de la ansiedad y el miedo.

Y lo que es mejor, otros estudios han demostrado que la meditación puede producir cambios rápidos. Un estudio publicado en *Ciencia Psicológica,* la revista de la Asociación de Ciencias Psicológicas, en 2013 descubrió que solo dos semanas de meditación producían resultados notables en cuanto a la mejora de la memoria y la concentración y la reducción del exceso de pensamiento. Muchas personas afirman haber mejorado sus niveles de estrés y concentración en un plazo de dos semanas a un mes.

Intenta que la meditación forme parte de tu rutina diaria. Empieza con cinco minutos, al menos tres días a la semana (o todos los días si tienes tiempo). Sigue así durante un mes y comprueba si notas alguna diferencia. En el Capítulo 9 encontrará varios ejercicios que puedes utilizar durante la meditación y que están pensados específicamente para potenciar el pensamiento positivo. Estos son:

- Una meditación de bondad amorosa
- Movimiento consciente
- Una semana de agradecimiento

Utiliza estos ejercicios como parte de tu rutina de meditación.

Cómo el miedo te frena

El miedo es una emoción perfectamente normal y que tiene por objeto mantenernos a salvo. Sin embargo, el miedo a los peligros físicos es relativamente raro. Es más probable que temamos cosas intangibles como perder el respeto de los demás o la autoestima. Esto puede conducir a un miedo compulsivo al fracaso. Eso también es normal: Nadie quiere fracasar cuando se propone hacer algo. Pero si permites que el miedo al fracaso te impida intentarlo, nunca alcanzarás tus objetivos.

Afortunadamente, hay una serie de técnicas eficaces para afrontar el miedo.

Una de las más comunes se llama "*enfrentarse al miedo*". Esto implica pensar en las raíces de un miedo concreto. Por ejemplo, tal vez te gustaría empezar un nuevo negocio, pero te lo impide el miedo a fracasar. Si te pones a examinar ese miedo en detalle, descubrirás que comprende un montón de miedos subsidiarios. Es posible que temas perder el respeto de tus amigos, familia y colegas. Puede temer no tener suficiente dinero para mantener a su familia. Puede que simplemente temas parecer tonto si fracasas.

Enfrentarse a tus miedos significa deconstruir tu miedo para analizarlo en detalle. Por ejemplo, ¿es realmente racional el miedo a perder el respeto de tu familia? ¿Aumentaría su respeto a partir de tu voluntad y capacidad para iniciar un nuevo negocio, tenga o no éxito al final? Del mismo modo, ¿el miedo a no tener suficiente dinero para mantener a tu familia está basado en hechos? Si montas un nuevo negocio y fracasa, ¿no serías capaz de conseguir otro trabajo? Si piensas en los miedos con detalle, a menudo descubrirás que son infundados o que puedes tomar medidas para mejorarlos. Si puedes tratar los miedos menores uno por uno, descubrirás que el miedo mayor que te impide pasar a la acción también disminuye.

Otra técnica eficaz es la llamada "*pre-mortem*". Es similar a enfrentarse a los miedos, pero consiste en tomar miedos individuales y analizar en detalle lo peor que podría ocurrir, y luego trabajar hacia atrás para ver cómo se puede evitar. Por ejemplo, el miedo a no tener suficiente dinero si empiezas un nuevo negocio. Lo peor que puede pasar es que te encuentres sin dinero, sin casa y con deudas. Ahora, piensa en cómo podrías haber llegado a esa situación y, sobre todo, cómo podrías evitarla. Tal vez deberías haber establecido límites a tus gastos y préstamos, haber revisado con más frecuencia tu situación financiera y quizás haber pedido asesoramiento financiero. Si incorporas estas cosas a tus planes, puedes estar seguro de que evitarás el peor de los casos.

Tal vez la mejor manera de afrontar el miedo a los intangibles sea ajustar tu actitud hacia el fracaso. Si quieres estar absolutamente seguro de evitar el fracaso, sólo hay una manera: No intentar nunca nada y no arriesgarse. Sin embargo, es muy poco probable que consigas tus objetivos siguiendo ese camino. En cambio, si quieres mejorar tu vida, debes estar dispuesto a correr riesgos. A veces, éstas significarán un fracaso. Pero debes aprender a considerar el fracaso no como un desastre, sino como una oportunidad para aprender.

Cada vez que fracasas, aprendes. Si lo vuelves a intentar, ese aprendizaje hace que sea menos probable que vuelvas a fracasar. A menudo, sólo probando, fracasando, aprendiendo y avanzando, conseguimos un progreso real. Recuerda el viejo adagio de los jugadores: nunca arriesgues más de lo que puedas permitirte perder.

.

Una cosa a la vez

Cambiar la mentalidad para aceptar y utilizar el pensamiento positivo implica muchos elementos diferentes y tiene aplicaciones en todos los aspectos de la vida. Existe la tentación de la multitarea, de intentar hacer muchas cosas al mismo tiempo. No te sientas tentado a hacerlo. La multitarea es casi siempre menos eficaz que trabajar de forma secuencial, una cosa a la vez.

La multitarea es algo que a menudo se identifica como una virtud en el mundo moderno. Parece práctico. Todos tenemos demandas que compiten por nuestro tiempo y energía. Hacer varias tareas a la vez parece una forma eficiente de emplear nuestro tiempo. La mayoría de los estudios demuestran rotundamente que esto no es cierto. La multitarea produce más actividad, pero los investigadores han sugerido que la multitarea puede en realidad reducir su productividad en cualquier tarea hasta en un 40%.

En un estudio de 2009[13], un investigador de la Universidad de Stanford, Clifford Nass, descubrió que las personas que a menudo hacen multitareas habitualmente eran significativamente peores a la hora de distinguir la información importante de los detalles irrelevantes. Estas personas también eran ineficaces cuando se les presentaba una única tarea. Parecía que la multitarea constante había disminuido de algún modo su capacidad para identificar lo que era realmente importante.

Estos estudios demuestran que trabajar de forma secuencial, realizando una tarea y permaneciendo en ella hasta terminarla, es siempre más eficaz que intentar hacer varias cosas a la vez.

Cuando planees introducir el pensamiento positivo en tu vida, trabaja de forma secuencial. No intentes añadir el pensamiento positivo a todo lo que haces a la vez. Haz un plan. Decide dónde quieres incorporar específicamente el pensamiento positivo. Empieza por pequeños detalles. Aplica las nuevas técnicas, ve cómo funcionan y cómo cambian tu forma

---

[13] Ophir E, Nass C, Wagner AD. *Cognitive control in media multitaskers*. Proceedings of the National Academy of Sciences of the United States of America, 2009

de pensar. Sólo entonces piensa en ampliar el pensamiento positivo a otras áreas.

Ve paso a paso.

¿Dónde estás ahora?

Es importante que tengas claro dónde te encuentras ahora mismo en términos de pensamiento positivo. Ya deberías haber completado la evaluación del pensamiento positivo en el Capítulo 9. Si no es así, hazlo ahora.

Esa evaluación confirmará tu estilo emocional actual e identificará tres áreas en las que el pensamiento positivo marcará la mayor diferencia. ¿Quizás hay elementos de tu trabajo en los que pareces estar atrapado en patrones de negatividad? ¿Quizás tienes relaciones (o una relación en particular) basadas en la negatividad?

El lugar por el que decidas empezar depende de ti. Todo depende de las áreas de la vida que quieras cambiar. Una vez que haya identificado tres áreas, analízalas con más detalle. ¿Hay comportamientos concretos que quieras cambiar? ¿Hay proyectos o reuniones de trabajo en los que te resulta difícil hablar y mantener una actitud positiva? ¿Hay situaciones personales en las que te encuentras constantemente con una actitud negativa?

Remítete a tus valores y a tus objetivos. A menudo, la negatividad es el resultado de actuar de una manera que no concuerda con tus valores ni te lleva a avanzar hacia tus objetivos personales. ¿Qué tienes que hacer para cambiar tu comportamiento para que coincida con estos valores y objetivos?

Considera si el miedo te hace ser negativo. A menudo, no actuamos ni hablamos simplemente porque tenemos miedo. Puede tratarse de un miedo al conflicto. Puede ser un miedo a que, al decir lo que realmente pensamos, perdamos el respeto de otras personas o las hagamos infelices o incluso se enfaden. Utiliza las técnicas para dominar el miedo para entender y contrarrestar tus temores.

Sólo una vez que estés seguro de dónde te encuentras ahora, podrás decidir por dónde quieres empezar a utilizar las técnicas del pensamiento positivo.

Si quieres saber más sobre cómo aprender a hacer valer tus propias emociones y necesidades, consulta nuestro libro sobre Asertividad Cotidiana.

65

Desarrollar una auto-narrativa positiva

La forma en que pensamos en nuestras experiencias vitales se llama auto-narrativa. Son las historias que nos contamos a nosotros mismos sobre nuestros fracasos y éxitos. Intenta pensar en un ejemplo de cada uno de ellos en tu vida. Escribe un breve resumen de ambos.

Ahora examina realmente cómo pensaste en ellos. ¿Cómo contaste la historia de tu éxito? Si fue un éxito en el trabajo, ¿reconoces realmente tu trabajo duro, tu dedicación y tus logros? ¿O los dejaste de lado y en su lugar atribuiste el éxito a la suerte o a la casualidad? Por desgracia, eso es lo que hacemos muchos de nosotros. Completa el ejercicio *Celebrar tus Logros* del Capítulo 9 para centrar tu pensamiento.

Ahora considera tu fracaso. ¿Atribuyó el fracaso directamente a tu propia incapacidad, inacción o incluso incompetencia? Esto también es muy común. Sin embargo, la verdad es que la acción o inacción de otras personas suele ser un factor que contribuye. La mayoría de los fracasos no son enteramente atribuibles a nosotros mismos, pero así es como los vemos.

¿Puedes ver cómo esta auto-narrativa bastante típica es en general negativa? Asumes que el éxito se debe a influencias externas, pero aceptas el fracaso como algo que te pertenece por completo. Aprendemos estos estilos de narrativa personal a una edad temprana. A menudo, minimizamos nuestro papel en el éxito porque hacer lo contrario se considera jactancioso o egoísta. Este es un error fundamental. Si quieres convertirte en un pensador positivo, debes aprender a reformular tu auto-narrativa para que sea positiva y te apoye.

Una investigación llevada a cabo por la Universidad de Northwestern[14] y publicada en el *Jornal Experimental de Psicología Social,* sugiere una nueva forma de construir narrativas positivas sobre uno mismo: Narrativas de construcción de competencias. Este enfoque implica hacer

---

[14] Brady K. Jones*, Mesmin Destin, Dan P. McAdams, *Telling better stories: Competence-building narrative themes increase adolescent persistence and academic achievement*, Journal of Experimental Social Psychology, 2018.

un esfuerzo consciente para examinar tanto los éxitos como los fracasos de una manera diferente.

En el caso de los éxitos, debes pensar en cómo tu competencia, habilidades, experiencia y trabajo duro te han llevado a ese éxito. Imagina que te faltara alguno de esos atributos. ¿Habrías alcanzado el éxito igualmente? Para los fracasos, piense específicamente en el esfuerzo que realizó. Luego, considera que fuiste capaz de afrontar el fracaso y, lo más importante, piensa en lo que aprendiste de esa experiencia que te ayudará a evitar la misma situación en el futuro. Si piensas en ellos de esta manera, tanto los éxitos como los fracasos pueden contribuir al pensamiento positivo.

Vuelve al ejemplo de un fracaso y un éxito que seleccionaste anteriormente. Aplica las técnicas de la narrativa de desarrollo de competencias para revisarlos de nuevo. Vuelve a contar ambas historias de forma positiva. ¿Cambia eso lo que sientes sobre ese éxito y ese fracaso?

Aprende a aplicar esta técnica de forma sistemática. No te límites a glosar el éxito y a regodearte en el fracaso. Crea una narrativa para cualquiera de los dos que sea la historia de lo que has logrado y aprendido. Si lo haces con regularidad, se convertirá en un hábito. Incorporar de forma natural la creación de competencias en tu auto-narrativa es una forma eficaz y probada de impulsar el pensamiento positivo.

Siempre hay algo que aprender

Convertirte en un pensador positivo aumentará tu confianza en ti mismo. Sin embargo, hay que estar siempre en guardia para que la confianza no se convierta en arrogancia. Por mucho que aprendas y por muy grandes que sean tus éxitos, siempre hay algo más que aprender. Las personas que tienen un éxito más constante no sólo tienen la suficiente confianza en sí mismas para alcanzar sus objetivos, sino que tienen la suficiente humildad para aceptar que siempre se puede mejorar.

Algunas personas confunden la humildad con la debilidad y la incertidumbre, pero eso es un error. La humildad consiste en reconocer que ninguna persona puede saberlo todo y que, por muchas metas que se alcancen, siempre hay nuevos aprendizajes disponibles.

El pensamiento positivo te hará más feliz, más pleno y más sano. No puede hacerte perfecto. No pierdas nunca de vista eso y no caigas en la tentación de compararte con otras personas. Es algo que todos hacemos, pero no es útil ni productivo. Conoce tus propios valores internos y ten claros tus propios objetivos. Mide tu progreso no en función de otras personas, sino de la medida en que tus acciones se alinean con tus valores y hacen avanzar tus objetivos.

Positividad tóxica

Ahora entiendes que la positividad tiene todo tipo de beneficios físicos y mentales. Es una mentalidad que puede cambiar tu vida para mejor. Sin embargo, los psicólogos han llegado a reconocer algo llamado "positividad *tóxica*" que puede ser realmente perjudicial. Echemos un vistazo a la positividad tóxica y a cómo puedes evitarla.

Una de las principales causas de la positividad tóxica es la creencia de que, para seguir siendo positivo, nunca hay que sentir infelicidad, ira, frustración o cualquier otra emoción negativa. Las personas que intentan convertirse en pensadores positivos pueden experimentar sentimientos de culpa y vergüenza cuando intentan negar las emociones negativas. Desgraciadamente, es casi seguro que te enfrentarás a contratiempos y fracasos en tu vida por muy positivo que seas. Cuando te enfrentas a circunstancias estresantes, es totalmente normal que te sientas preocupado, ansioso o incluso enfadado. No intentes suprimir o ignorar estas emociones. Pero tampoco te obsesiones con ellas. Acéptalas y sigue adelante, utilizando el autocuidado y la positividad para ayudarte a ver los pasos que tienes que dar para mejorar la situación. La positividad no significa que nunca vayas a enfrentarte a retos o a experimentar emociones negativas. Simplemente te da las herramientas para afrontarlas.

Otro aspecto de la positividad tóxica es ignorar los problemas, tanto los propios como los de los demás. Algunas personas parecen creer que ser positivo significa ver sólo los acontecimientos y las circunstancias que son positivos, y desarrollar una especie de ceguera selectiva para todo lo negativo. Si ignoras tus propios problemas, sólo empeorarán. Pretender que todo está bien cuando claramente no lo está no es un pensamiento positivo, es sólo una forma de esconderse de la realidad. Acepta tus problemas y utiliza el pensamiento positivo para entender qué los está causando y encontrar la mejor manera de actuar para afrontarlos. Si otras personas expresan emociones difíciles, no las ignores ni trates de minimizarlas y no intentes descartar a esa persona con consejos superficiales como "*¡Sólo mantente positivo!*". Utiliza el pensamiento positivo y tu capacidad de escucha para dar apoyo y encontrar formas de mejorar la situación.

Ser un pensador positivo no significa que nunca vayas a experimentar emociones negativas. Ser feliz es una elección, pero hacer esa elección no significa que vayas a ser o debas ser feliz el 100% de las veces. Acepta esto y evitarás las peores trampas potenciales de la positividad tóxica.

Capítulo 5: Herramientas para construir un pensamiento positivo

Concéntrate en tus valores y objetivos

En el último capítulo, vimos cómo establecer cuáles eran tus valores personales y cómo establecer objetivos que se alinearan con esos valores. ¿Cómo puedes utilizar esos objetivos para fomentar el pensamiento positivo?

Cuando tengas que tomar una decisión, utiliza tus valores y objetivos para ayudarte a decidir. Toma una decisión que esté de acuerdo con tus valores y, cuando sea posible, que haga avanzar tus objetivos. Si utilizas estos criterios, tomarás decisiones más positivas.

Acostúmbrate a repasar cada noche, cuando te acuestes a dormir, los progresos realizados durante el día en la consecución de tus objetivos. Celebra tus éxitos. Ten en cuenta las acciones que has realizado de acuerdo con tus valores, por pequeñas que sean.

Si sufres un fracaso o un contratiempo en el avance hacia tus objetivos, utiliza un enfoque de auto-narrativa de desarrollo de competencias para considerar lo que has aprendido de esa experiencia. Piensa en cómo ese aprendizaje te ayudará a tener éxito en el futuro. Nunca permitas que un fracaso te lleve a renunciar a un objetivo. Por el contrario, utiliza ese fracaso para comprender cómo progresar de forma más eficaz.

Los objetivos no son algo que se establece y luego se olvida. Revisa tus objetivos con frecuencia. Las vidas y las circunstancias cambian, y un objetivo que parecía importante hace 12 meses puede ser menos importante ahora. Si van a proporcionarte la motivación que necesitas, tus objetivos deben ser relevantes para tu situación actual. Actualiza tus objetivos cuando sea necesario.

Utilizar la meditación

En el capítulo anterior, hablamos de la meditación y de cómo ésta puede ayudar a desarrollar la atención plena, un estado mental que ayuda a construir un pensamiento positivo. ¿Cómo puedes introducir la meditación y la atención plena en tu rutina diaria?

Intenta reservar un tiempo para la meditación. No importa dónde lo hagas siempre que no te molesten. Recuerda que puedes meditar durante tan sólo cinco minutos o durante el tiempo que tengas disponible. Los estudios han demostrado que tan sólo dos minutos de meditación pueden conducir a mejoras apreciables en la reducción del estrés y el bienestar mental.

Establece un momento en tu agenda diaria para la meditación. Puede ser a primera hora de la mañana, por la tarde o incluso durante la jornada laboral, siempre que encuentres un momento y un lugar en el que te sientas cómodo y no te interrumpan.

Recuerda que el propósito de la meditación no es centrarse en pensamientos positivos. La meditación ideal no se centra en ningún pensamiento. Sin embargo, la simple ausencia de pensamientos estresantes o negativos da un notable impulso a la positividad.

Si te resulta útil, utiliza la meditación guiada. Éstas utilizan la voz de un profesor y, a veces, música para guiar y profundizar la meditación. Sólo tienes que introducir "*meditación guiada positiva*" en cualquier motor de búsqueda y encontrarás muchos ejemplos en línea de libre acceso. Experimenta hasta que encuentres lo que mejor te funciona.

Utilizar la técnica RAIN

Esta técnica fue desarrollada por primera vez por la profesora budista y cofundadora de Vipassana Hawai'l, Michele McDonald, y posteriormente desarrollada y adaptada por la psicóloga y autora Tara Brach, Ph. D [15]. La técnica RAIN está vinculada a la atención plena y tiene por objeto aumentar tu positividad reduciendo el impacto de los pensamientos angustiosos o negativos. RAIN es un acrónimo y significa:

- Reconocer
- Aceptar
- Investigar
- No identificar

Si te cuesta lidiar con las emociones negativas, puedes utilizar los cuatro pasos de la técnica RAIN de la siguiente manera:

Reconoce. Tómate el tiempo necesario para identificar las distintas emociones que te preocupan. Haz una lista mental. No intentes etiquetarlas como positivas o negativas, simplemente dedica tiempo a comprender realmente de dónde proceden tus sentimientos actuales. Muchas personas encuentran útil este primer paso porque puede ayudar a desenredar lo que puede ser una compleja red de emociones.

Acepta. No intentes reprimir las emociones, aunque sean negativas. Simplemente acepta que existen. Eso no siempre es cómodo. Incluso puede ser desagradable. Sin embargo, el primer paso para afrontar las emociones es simplemente aceptar que están ahí.

Investiga. Hazte preguntas sobre las emociones que has identificado. ¿Te has sentido así antes? ¿Puedes ver qué es lo que ha provocado esta emoción? ¿Puedes ver alguna acción que te ayude a reducir esta emoción? Intenta hacer esto no como un interrogatorio, sino como si estuvieras teniendo una charla

---

[15] Tara Brach, *Radical Compassion: Learning to Love Yourself and Your World with the Practice of RAIN*, Penguin Life, 2019.

amistosa y de apoyo contigo mismo. Incluso puedes visualizar que hablas de estas emociones con tu sabio defensor, como se describe en el Capítulo 3.

No identificar. Acepta que las emociones negativas forman parte de ti, pero que, como todas las emociones, son fugaces y pronto pasarán. Piensa en qué acción compasiva puedes llevar a cabo para disminuir la emoción y su efecto en ti.

Utilizar rituales de autocuidado

El autocuidado es fundamental para el desarrollo del pensamiento positivo. Intenta que el autocuidado forme parte de tu rutina diaria. Eso es lo que se entiende por un *"ritual"*. En este libro encontrarás muchas ideas para el autocuidado. Escoge las que más te convengan y dedícales tiempo todos los días.

Intenta sacar tiempo para:

Autocompasión. Intenta terminar cada día pensando en tus logros. Tal vez, al acostarse para dormir, repasas el día e identifiques los acontecimientos que te han hecho sentir feliz y realizado. Piensa en las acciones que concuerdan con tus valores y que te ayudan a avanzar hacia tus objetivos.

La relajación. ¿Qué te ayuda a relajar? ¿Te gusta leer? ¿Ver la televisión? ¿Dar un paseo? ¿Escuchar música? La relajación es importante, así que asegúrate de incluir en tu agenda diaria tiempo para la forma de relajación que hayas elegido. No intentes hacerlo mientras realizas otras actividades. Si te gusta escuchar música, por ejemplo, no lo hagas mientras trabajas. Dedica tiempo a ti y a la música.

Conectar con la tierra. La meditación es una forma estupenda de mantener los pies en la tierra, de volver a lo básico. Intenta incluir la meditación en tu agenda diaria, aunque sea durante cinco minutos.

Ejercicio. Cuando tu cuerpo se siente renovado y vigorizado, es más probable que tu mente esté despejada y libre de estrés. Intenta incluir el ejercicio en su agenda diaria. Eso no significa necesariamente ir al gimnasio o hacer cualquier forma de ejercicio intenso, pero al menos debería incluir un paseo suave cada día. Mientras caminas, toma el tiempo necesario para ser realmente consciente del mundo que te rodea y apreciar lo que ocurre con cada uno de tus sentidos.

Mantener una conversación consciente

La mayoría de la gente mantiene conversaciones todo el tiempo, pero la verdad es que muchas de estas conversaciones son efímeras y transmiten poco significado real. La gente nos habla, pero no nos concentramos del todo en lo que nos dicen y no respondemos adecuadamente. Puede parecer que prestamos atención, pero estamos pensando en otras cosas. La comunicación eficaz es esencial para entender a los demás y practicar las habilidades necesarias para que nos entiendan. La conversación ideal es una conversación consciente, en la que estás plenamente presente en el momento. No te limitas a oír lo que dice la otra persona, sino que la escuchas de verdad y comprendes su significado. Prueba estos pasos para tener una conversación consciente:

Elimina las distracciones. Apaga el teléfono, si hay un ordenador, una televisión o una radio cerca, asegúrate de que están apagados. Asegúrate de que puedes conversar libremente y sin interrupciones ni ser escuchado. En la medida de lo posible, ignora los pensamientos que te distraen durante la conversación y presta toda tu atención a lo que se está diciendo.

Mira a la otra persona. ¿Qué te dicen su lenguaje corporal y su postura sobre sus emociones? Establece un contacto visual frecuente, pero no mires fijamente.

Escucha la voz de la otra persona. La gente se comunica no sólo con las palabras que elige, sino con el tono de su voz. A veces la gente dice una cosa y quiere decir otra. ¿Coincide el tono de voz de la otra persona con sus palabras? Si no es así, piensa por qué.

Aprende a responder, no sólo a reaccionar. Con demasiada frecuencia, cuando no estamos escuchando realmente lo que otra persona está diciendo, reaccionamos a lo que dicen con interjecciones sin sentido: *"Hmm"*, *"¿En serio?"*, *"Vaya"*. Cuando escuches con toda tu atención, cuando la otra persona haga una pausa, podrás responder con claridad. Esto permite al interlocutor saber que has seguido lo que dice y que entiendes su significado.

Piensa en el interlocutor, no en ti mismo. A menudo, cuando mantenemos una conversación, no escuchamos bien a la otra persona porque estamos ensayando mentalmente lo que diremos cuando nos toque. Haz un esfuerzo para no hacerlo. Mantén la atención en lo que dicen. Cuando hagan una pausa, tómate un momento para pensar en lo que vas a decir y luego responde.

¿Las circunstancias externas afectan a la conversación? ¿Está la otra persona experimentando emociones que afectan a lo que está diciendo? ¿Eres capaz de reconocer esas emociones? ¿Puedes ver de dónde vienen? ¿Eres capaz de adaptar tus respuestas a las emociones de la otra persona?

Sienta sin juzgar. Asegúrate de que comprendes lo que dice la otra persona, pero responde sin juzgar ni estar a la defensiva. ¿Qué emociones te genera la conversación? ¿Puedes reconocerlas? ¿Entiendes de dónde vienen? No permitas que tus emociones dominen la conversación. Sé consciente de ellas y luego déjalas pasar.

Te sorprenderá la gran conexión que puedes tener a través de una conversación consciente. También te sorprenderá lo mucho que lo aprecia la otra persona. Muchas de las conversaciones que mantenemos cada día implican en realidad muy poca comunicación. Una conversación genuinamente consciente hace que todas las personas involucradas se sientan más positivas.

Cómo lidiar con el exceso de pensamientos

Si sufres de exceso de pensamientos, aquí tienes algunas técnicas que puedes utilizar:

Sé consciente de tu exceso de pensamientos. El mero hecho de ser consciente de que estás pensando en exceso es una buena manera de reducir su efecto. El pensamiento excesivo suele estar relacionado con el pasado o el futuro. Nos encontramos repasando sin cesar experiencias pasadas y preguntándonos qué podríamos haber hecho de otra manera. O nos encontramos excesivamente preocupados por el futuro, tratando de predecir lo que sucederá y centrándonos en los posibles resultados negativos. Pensar en el pasado sólo es útil si consideras lo que has aprendido y cómo puedes utilizar ese conocimiento en el futuro. Cualquier otro pensamiento negativo sobre el pasado es inútil e improductivo, y debes hacer un esfuerzo consciente para evitarlo. Pensar en el futuro sólo es útil si te planteas lo que vas a hacer, es decir, si te centras en acciones y soluciones.

Céntrate en las soluciones. Es posible que tengas problemas en el futuro. Sin embargo, muchas personas se obsesionan con toda una serie de cosas que podrían (o no) ocurrir. Este enfoque conduce a la ansiedad y aumenta el miedo que puede bloquearte para actuar. No malgastes tu tiempo y tu energía mental en pensar en problemas que quizá nunca ocurran. Si conoces un problema futuro, piensa en lo que puedes hacer para resolverlo.

Desafía tus pensamientos. Imagina este escenario: Vas de camino a una reunión importante. Te encuentras en un atasco y sabes que vas a llegar tarde. Esta situación es el principal catalizador para pensar en exceso e imaginar todo lo malo que puede ocurrir. Detente. Respira profundamente y, en su lugar, desafía a tu mente acelerada. Piensa en qué puedes hacer para mejorar la situación. ¿Puedes llamar antes para decir que vas a llegar tarde? ¿Puedes cambiar la fecha de la reunión? ¿Qué harás si llegas tarde? Pide consejo a tu sabio defensor. Imagina que no eres tú, sino un amigo, el que se encuentra en esta situación. ¿Qué le aconsejarías que hiciera? No permitas que tu ansiedad se apodere de ti. Vuelve a centrar tu pensamiento en las acciones positivas que puedes llevar a cabo.

El problema de pensar en exceso es que no sólo es agotador, sino también improductivo. Pensar en exceso genera más ansiedad y provoca más pensamientos en un ciclo de preocupación que rara vez conduce a una acción positiva.

Alimentación y estado de ánimo

"*Somos lo que comemos*" es uno de esos viejos dichos que la ciencia moderna ha demostrado que es cierto. Cuando uno se siente deprimido o simplemente negativo, es muy fácil encontrarse comiendo mucho helado o dándose un atracón de alimentos ricos en calorías. Por desgracia, comer los alimentos equivocados puede hacer que te sientas aún más negativo.

Ningún alimento causa negatividad. Sin embargo, un estudio de 2014 publicado en la revista científica *Cerebro, Comportamiento, e Inmunidad,* analizó los datos de un estudio de salud sobre enfermeras y encontró una relación directa entre la depresión y el consumo de una dieta rica en azúcar, cereales refinados y carne roja. Otro estudio publicado en el *Jornal Europeo de Nutrición* también identificó una posible relación entre comer mucha carne y la depresión.

Afortunadamente, hay alimentos que tienen el efecto contrario. Patricia Chocano-Bedoya, científica visitante del Departamento de Nutrición de la Escuela de Salud Pública T.H. Chan de Harvard, ha realizado varios estudios a lo largo de varios años y ha informado en una entrevista para la Escuela de Medicina de Harvard que:

"Hay pruebas consistentes de un patrón dietético de estilo mediterráneo y un menor riesgo de depresión".

¿Qué es la dieta mediterránea? Es una dieta rica en frutas, verduras, aceite de oliva, cereales integrales y proteínas magras como el pollo y el pescado. Esta dieta también es baja en carnes rojas y grasas poco saludables. También sabemos que las verduras verdes, como las espinacas y la col rizada, contienen ácidos grasos omega-3 saludables, así como magnesio, que parece desempeñar un papel importante en la mejora de la función cerebral y la elevación del estado de ánimo.

La evidencia es clara. Los alimentos ricos en grasas y azúcares y el consumo excesivo de carne roja tienden a deprimir el estado de ánimo. Seguir una dieta mediterránea no sólo te hará estar sano. Te ayudará a potenciar tu capacidad de pensar positivamente.

Ejercicio

Se ha demostrado que el ejercicio físico es una gran manera de combatir la negatividad. Además de mejorar tu salud física y su estado físico, el ejercicio proporciona una serie de estímulos mentales. Cuando se hace ejercicio, el cuerpo libera unas sustancias químicas llamadas endorfinas. Estas sustancias químicas proporcionan una sensación inmediata de bienestar, así como una mentalidad energética y positiva. Los estudios han demostrado [16]que incluso una breve ráfaga de ejercicio puede reducir los sentimientos de ansiedad y depresión, potenciar ciertas funciones cognitivas y ayudar a dormir mejor.

Sin embargo, también se ha demostrado que el ejercicio tiene efectos a largo plazo en el cerebro. Varios estudios confirman que las personas que practican regularmente una actividad física de moderada a intensa rinden mejor en las pruebas académicas y neuropsicológicas, sobre todo en las que miden la velocidad de procesamiento mental, la memoria y la función ejecutiva. La actividad física también ayuda a evitar el deterioro cognitivo que se produce con la edad y reduce el riesgo de padecer enfermedades degenerativas como la demencia y el Alzheimer.

¿Cuánto ejercicio hay que hacer para mejorar el bienestar? Eso depende en parte de la intensidad con la que se haga el ejercicio. Cuanto más exigente sea el ejercicio que se realiza, menos tiempo hay que dedicarle para ver resultados positivos. Las recomendaciones del Departamento de Salud y Servicios Humanos de EE.UU. sugieren que, para los adultos, lo óptimo es realizar entre 150 y 300 minutos semanales de actividad física de intensidad moderada, como caminar a paso ligero. Los estudios parecen indicar que hacer ejercicio durante 30 minutos, tres veces a la semana, es el mínimo necesario, aunque algunas personas afirman que sólo 15 minutos de ejercicio aeróbico realizado cada día pueden marcar una diferencia significativa.

Lo cierto es que actualmente muchos de nosotros hacemos poco o ningún ejercicio, por lo que cualquier mejora supondrá algún beneficio. Sube por

---

[16] *Physical Activity Guidelines for Americans*, 2nd Edition, U.S. Department of Health and Human Services.

las escaleras en lugar de utilizar el ascensor, aparca más lejos de tu lugar de trabajo, baja del autobús o del tren una parada antes de lo habitual y camina el resto, o da un paseo rápido entre las reuniones. Todo lo que puedas hacer para aumentar tu nivel actual de ejercicio te aportará beneficios físicos y mejorará tu capacidad de pensamiento positivo.

Afirmaciones

"Un hombre no es más que el producto de sus pensamientos. Lo que piensa, se convierte".

Mahatma Gandhi

Las palabras son poderosas. Las palabras dan forma a nuestros pensamientos, y los pensamientos dirigen nuestras acciones. El concepto de afirmaciones se basa en este principio. Se trata de describir con palabras lo que queremos conseguir. Decirnos estas palabras a nosotros mismos nos ayuda a dirigir nuestros pensamientos.

La técnica de la afirmación consiste simplemente en encontrar las palabras que describan una situación positiva que quieras conseguir y repetirte esas palabras a ti mismo. La afirmación no es sólo un deseo. Varios estudios demuestran [17]que las afirmaciones ayudan a reconfigurar el cerebro, haciéndonos creer en esas ideas y en que podemos conseguirlas. Piensa en las afirmaciones como ejercicios para el cerebro. Si realizas regularmente el mismo ejercicio físico, tus músculos se harán más grandes y mejores en ese ejercicio. Si repites la misma afirmación, tu cerebro aprenderá a incorporar esta creencia en todo lo que haga.

Las afirmaciones son personales. Deben ser relevantes para tu vida y aplicables a tu situación. Deben provenir tanto de tus valores como de tus objetivos. Puedes utilizar la lista de afirmaciones que aparece a continuación como punto de partida para crear las tuyas propias.

- Tengo el control de mi vida.
- Tengo todos los atributos necesarios para tener éxito.
- Elijo ser feliz.
- Estoy agradecido porque mi vida está llena de abundancia.
- Mi futuro será como lo he planeado.
- Estoy lleno de energía y alegría.
- Me concentro en el momento presente.

---

[17] J. David Creswell, Janine M. Dutcher, William M. P. Klein, Peter R. Harris, John M. Levine, *Self-Affirmation Improves Problem-Solving under Stress*, National Science Foundation, 2013.

- Mis pensamientos son positivos.
- Tengo confianza en mí mismo y estoy dispuesto a hacer valer mis necesidades.

Elabora una lista de afirmaciones que sean positivas y relevantes para ti. Repítetelas a ti mismo varias veces al día.

Hacer tiempo para divertirse

Algunas personas piensan que la relajación y la diversión son en cierto modo egoístas y autocomplacientes. No es así. De hecho, son elementos importantes para desarrollar una mentalidad positiva y grandes formas de recompensarte y celebrar tus logros. ¿Cuáles son tus aficiones ahora? ¿Qué haces para relajarte? Cuando construyas tu agenda diaria, recuerda incluir tiempo para ambas actividades.

¿Alguna vez has querido probar a construir una maqueta, coser una colcha o aprender a pintar? ¿Quizás prefieras aprender a tocar un instrumento musical, formar parte de un equipo deportivo o apuntarte a una clase de baile? ¿Por qué no haces esas cosas?

Los pasatiempos son afirmativos y muchos pueden ser conscientes. Proporcionan una completa distracción de las presiones y el estrés del día a día y pueden ser una fuente de placer y aprendizaje. Cualquier cosa que te dé placer (siempre que no te perjudique a ti ni a nadie) es positiva. No te preocupes por parecer infantil o estúpido. El tiempo para ti es para ti, no para lo que piensen los demás. Asegúrate de incluir en tu agenda diaria tiempo para la relajación y la diversión.

Capítulo 6: El poder de la gratitud

La gratitud es un poderoso antídoto contra la negatividad. Todos tenemos cosas por las que estar agradecidos. A veces, todo lo que tenemos que hacer es reenfocar nuestro pensamiento para reconocerlo.

¿Cómo de agradecido estás?

La mayoría de nosotros tenemos cosas que damos por sentadas. No pensamos en nuestra buena salud hasta que enfermamos. No pensamos en el hecho de que tenemos un trabajo que nos permite mantener a nuestras familias hasta que nos preocupa perderlo. No pensamos en el hecho de que vivimos en un lugar seguro hasta que vemos una noticia de un país asolado por la guerra o el hambre.

Sin embargo, la gratitud no es sólo algo que nos ayuda a ser más positivos. Varios estudios han demostrado que también mejora la autoestima y las relaciones[18], destierra la autocompasión, reduce la ansiedad y la depresión[19], nos hace tomar mejores decisiones e incluso nos ayuda a dormir mejor[20]. Afortunadamente, la gratitud, al igual que los demás elementos del pensamiento positivo, es algo que se puede aprender.

Tómate un momento para preguntarte con qué frecuencia te sientes agradecido. ¿Todos los días? ¿De vez en cuando? ¿Nunca? Muchos de nosotros caemos en la trampa de no sentirnos nunca agradecidos. Antes hemos hablado del sesgo de negatividad, la tendencia a centrarse en las cosas malas y pasar menos tiempo pensando en las buenas. Puedes ayudar a contrarrestarlo haciendo un esfuerzo consciente por pensar en las cosas buenas de tu vida.

La gratitud es algo que puede ser totalmente interno. Puedes sentirte agradecido por tu buena salud o incluso por algo como el clima. Pero

---

[18] Nezlek, John B. Newman, David B. Thrash, Todd M. , *A daily diary study of relationships between feelings of gratitude and well-being*, The Journal of Positive Psychology, 2017.

[19] Fuschia M Sirois, Alex M Wood, *Gratitude uniquely predicts lower depression in chronic illness populations*, American Psychological Association, 2017.

[20] Marta Jackowska, Jennie Brown, Amy Ronaldson, *The impact of a brief gratitude intervention on subjective well-being, biology and sleep*, Journal of Health Psychology, 2015.

también puede sentir gratitud hacia otras personas en su vida. ¿Con qué frecuencia expresas esa gratitud?

Este sería un buen momento para completar el ejercicio *Razones para estar Agradecido* del Capítulo 9.

Comenzar un diario de gratitud

Para que la gratitud se convierta en un hábito, puedes empezar a escribir un diario de gratitud. Se ha demostrado que llevar un diario, es decir, escribir un registro diario de sus sentimientos, mejora la sensación de bienestar. Llevar un diario de gratitud fomenta el pensamiento positivo. Llevar un diario de gratitud ayuda a superar el sesgo de negatividad y a pensar en positivo.

La forma exacta que adopte este diario no es importante. Puedes apuntar las cosas en un cuaderno o crear un archivo en tu ordenador o teléfono. Puedes comprar diarios de gratitud que se fabrican comercialmente para este fin. No importa lo que elijas, siempre que escribas las cosas por las que estás agradecido. El simple acto de escribir realmente cambia tu forma de pensar. Escribir tus sentimientos permite a tu subconsciente soltarlos, además de ayudarte a aclarar lo que sientes. Cuando te tomas el tiempo de escribir algo, puedes descubrir que en realidad tienes sentimientos muy diferentes al respecto. Los neuropsicólogos también han identificado el *"efecto de generación",* que demuestra que las personas recuerdan más claramente el material que han generado ellas mismas en comparación con lo que pueden leer o escuchar.

Lleva tu diario de gratitud todos los días. Haz que el añadir una entrada en él forme parte de tu rutina diaria. Quizás el diario sea algo que quieras guardar junto a tu cama para poder completarlo antes de acostarte a dormir. Tal vez lo guardes en tu escritorio en el trabajo para que puedas comenzar tu jornada laboral con una reflexión sobre la gratitud.

Si hay momentos en los que te sientes negativo, vuelve a leer tu diario de agradecimiento para dar un impulso instantáneo de positividad.

YOU'RE
DOING
GREAT

La jerarquía de las necesidades

A veces puede ser difícil encontrar algo por lo que estar agradecidos, sobre todo porque las cosas que deberíamos agradecer se han convertido en algo tan común que ya no pensamos en ellas. Algo que puede resultarle útil es la llamada jerarquía de necesidades, una forma de definir y clasificar las necesidades humanas desarrollada por primera vez por el psicólogo estadounidense Abraham Maslow en la década de 1940.

Maslow explicó que todos los seres humanos tienen necesidades que se encuadran en cinco categorías que se clasifican en una jerarquía. Sólo cuando hemos satisfecho las necesidades de una categoría inferior empezamos a considerar las necesidades del siguiente nivel. Los niveles de necesidad que Maslow describió son:

> **Nivel 1 Fisiológico.** Este nivel incluye nuestras necesidades básicas de comida y bebida, aire para respirar, refugio de los elementos y sueño.

> **Nivel 2 Seguridad.** La necesidad de un entorno en el que estemos a salvo de daños, tengamos un empleo e ingresos regulares y buena salud.

> **Nivel 3 Amor y pertenencia.** La necesidad de intimidad, amistad, familia y un sentido de conexión con un grupo social o cultural.

> **Nivel 4 de estima.** Incluye nuestros sentimientos de autoestima y el nivel de respeto y estima que percibimos que tienen los demás por nosotros.

> **Nivel 5 Autorrealización.** La necesidad de sentir que hemos logrado todo lo que nuestras capacidades nos permiten y que somos capaces de vivir de acuerdo con nuestros valores.

Si te cuesta encontrar algo por lo que estar agradecido, empieza por el nivel 1. ¿Has tenido suficiente comida hoy? ¿Has estado en un lugar que te ha dado cobijo del frío y la lluvia? ¿Tienes ropa que te mantiene caliente? Si examinas la jerarquía, seguro que encuentras cosas por las que estar agradecido. Piensa en esas cosas y en cómo te hacen sentir. Piensa en cómo te sentirías si no pudieras satisfacer esas necesidades.

Todo el mundo tiene algo que agradecer.

Ser GALD

Si quieres potenciar aún más el poder de la gratitud, puedes utilizar una técnica conocida como GALD. Esta estrategia te ayuda a centrarte en los aspectos positivos de tu vida y, si lo deseas, puedes convertir tu diario de gratitud en un diario GALD. GALD es un acrónimo que significa:

Gratitud. Como ya se ha descrito, encuentra algo por lo que estar agradecido cada día.

Aprendizaje. Cada día, intenta identificar algo nuevo que hayas aprendido. Puede ser a través de un aprendizaje formal o simplemente algo que tu experiencia durante el día te haya mostrado. Por ejemplo, puedes haber aprendido el significado de una nueva palabra o puedes haber aprendido que rechazar una segunda taza de café antes del desayuno te permite concentrarte mejor. Sé creativo. Todos los días traen consigo un aprendizaje, pero a menudo no nos damos cuenta.

Logros. La mayoría de la gente tiende a pensar en los logros en términos de cambios importantes en la vida, como conseguir un nuevo trabajo o aprobar un examen. Pero todos los días hay logros que puedes celebrar. ¿Llegaste al trabajo a tiempo? ¿Pagaste una factura? ¿Recuerdas el cumpleaños de un amigo?

Deleite. ¿Hubo algo hoy que te hiciera sentirte alegre, o experimentaste algo que fuera placentero para tus sentidos? ¿Te ha parecido maravilloso el amanecer? ¿El crujido de la nieve bajo tus botas te ha hecho sonreír? ¿El almuerzo ha sido especialmente sabroso? ¿Viste un dibujo animado o escuchaste un chiste que te hizo reír? Intenta encontrar algo que haya mejorado tu estado de ánimo durante el día.

Meditación de gratitud

En general, la meditación no trata de nada en particular. Se trata de despejar la mente de pensamientos excesivos y estar en el momento presente. Sin embargo, también puedes practicar la meditación reflexionando sobre las cosas por las que estás agradecido. Los estudios han descubierto que el uso de una meditación de gratitud tres veces a la semana durante sólo tres semanas puede conducir a una mejora sustancial del bienestar [21].

Puedes crear tu propia meditación de agradecimiento. Puede tratarse de cualquier cosa, desde la buena salud hasta la abundancia de alimentos disponibles en las tiendas, pasando por la apreciación de las maravillas de la naturaleza o el apoyo de los amigos. Elige algo por lo que te sientas personalmente agradecido y dedica de cinco a diez minutos a reflexionar sobre ello.

También puedes utilizar una meditación de gratitud guiada. Estas meditaciones están disponibles gratuitamente en Internet. Consisten en la voz de un profesor que te guía a través de pensamientos de gratitud. Muchas de estas meditaciones guiadas también incluyen música relajante que puede ser una forma sencilla y eficaz de meditar. Simplemente introduce "*meditación de gratitud*" en cualquier motor de búsqueda y te aparecerán muchas opciones.

---

[21] Karen O'Leary, Samantha Dockray, *The effects of two novel gratitude and mindfulness interventions on well-being*, Journal of alternative and complimentary medicine, 2015.

Capítulo 7: No estás solo

Examinar tus relaciones

La mayoría de nosotros estamos inmersos en una compleja red de relaciones que incluye a la familia, los amigos, los colegas y la pareja. Nuestra mentalidad tiene un impacto en nuestras relaciones, y no hay duda de que el pensamiento positivo puede hacer que seas una mejor pareja, un amigo más solidario y un colega más eficaz. Sin embargo, estas relaciones también tienen un efecto directo en tu bienestar y, sobre todo, en tu capacidad de pensamiento positivo. Las relaciones se desarrollan lentamente con el tiempo y, a menudo, nos acostumbramos tanto a estas asociaciones que ya no entendemos cómo nos afectan. Es hora de evaluar tus relaciones y ver si están teniendo un impacto positivo o negativo en tu vida.

Se han hecho varios intentos de encontrar formas de medir las relaciones. Algunas de ellas utilizan métodos analíticos complejos para evaluar el impacto de una determinada relación. Si quieres saber más sobre este enfoque, hay varios libros útiles disponibles[22]. Sin embargo, hay una forma más sencilla de evaluar el efecto que tiene una relación en ti. Considere la posibilidad de pasar tiempo con una persona en particular. Piensa en las emociones que genera en ti.

Todos conocemos a personas que son implacablemente negativas. Personas que parecen disfrutar quejándose de su suerte en la vida, pero que nunca parecen hacer nada para cambiarla. Estas personas no sólo han aceptado el sesgo negativo, sino que parecen abrazarlo. ¿Cómo te hace sentir pasar tiempo con una persona así? En general, una persona negativa te hará sentir negativo a ti también. También tienden a ser egocéntricos y egoístas. Querrán que escuches su negatividad, pero no les interesa cómo te sientes ni lo que tienes que decir.

¿Conoces a alguien así?

Ahora piensa en pasar tiempo con alguien que es positivo. Siempre tienen muchos planes, pueden hacerte reír, y te vas de ellos sintiéndote lleno de

---

[22] David Easley, Jon Kleinberg, Networks, *Crowds, and Markets: Reasoning about a Highly Connected World*, Cambridge University Press, 2010.

energía y aún más positivo. También notarás que estos optimistas parecen estar más dispuestos a escucharte. Se interesan realmente por cómo te sientes. Pueden ofrecerte un consejo si se lo pides y darte apoyo y ánimo si lo necesitas. De estos dos tipos de personas, ¿con cuál preferirías pasar el tiempo? Prácticamente todo el mundo responde que prefiere pasar el tiempo con una persona positiva que con una negativa. La negatividad mata las relaciones. La positividad construye mejores relaciones.

Por supuesto, la mayoría de las personas no pueden clasificarse fácilmente como totalmente positivas o negativas. Todos tenemos ambas características en diferentes circunstancias. Pero, en general, la mayoría de las personas tienden a la positividad o a la negatividad. Piensa en tus relaciones y trata de ver si cada una es generalmente positiva o negativa.

Cómo te afectan las relaciones

Varios estudios demuestran que las relaciones tienen un profundo efecto en nuestro bienestar mental y físico. El aislamiento social (tener pocas relaciones significativas) es malo. Las personas socialmente aisladas tienden a morir más jóvenes[23] y tienen menos resistencia a la enfermedad[24]. Sin embargo, las relaciones tóxicas también tienen un notable impacto en la salud. Los matrimonios caracterizados por la discordia y el conflicto pueden provocar una presión arterial alta y un mayor riesgo de ataque al corazón y depresión[25] . Las relaciones negativas se asocian a comportamientos negativos en el estilo de vida y a un mayor riesgo de enfermedad y muerte[26].

Un estudio de 2011[27] fue incluso más allá. Concluyó que:

- "Los vínculos sociales afectan a la salud mental, la salud física, los comportamientos de salud y el riesgo de mortalidad.
- Los lazos sociales pueden beneficiar a la salud más allá de los individuos a los que van dirigidos, al influir en la salud de los demás a través de las redes sociales.
- Los vínculos sociales tienen efectos tanto inmediatos (salud mental, comportamientos saludables) como acumulativos a largo plazo sobre la salud (por ejemplo, salud física, mortalidad)."

---

[23] Berkman Lisa F, Syme Leonard, *Social Networks, Host Resistance, and Mortality: A Nine-Year Follow-up Study of Alameda County Residents*. American Journal of Epidemiology. 1979

[24] House James S, Landis Karl, Umberson Debra, *Social Relationships and Health*, Science, 1988

[25] Kiecolt-Glaser Janice K, McGuire Lynanne, Robles Theodore F, Glaser Ronald, *Emotions, Morbidity, and Mortality: New Perspectives from Psychoneuroimmunology*. Annual Review of Psychology. 2002.

[26] Umberson Debra, Crosnoe Robert, Reczek Corinne, *Social Relationships and Health Behaviors across the Life Course*. Annual Review of Sociology. 2010.

[27] Debra Umberson, Jennifer Karas Montez, Social Relationships and Health: A Flashpoint for Health Policy.

En otras palabras, las relaciones positivas no sólo te hacen más sano y feliz. Afectan de la misma manera a las personas que te rodean. Si te encuentras en una relación negativa, sólo tienes dos opciones. Puedes terminar la relación o intentar cambiarla para que sea más positiva. ¿Pero cómo se puede cambiar una relación?

Establecer límites

Una de las formas más eficaces de cambiar una relación es establecer límites claros que protejan tu espacio emocional. Estos límites están estrechamente relacionados con tus valores. Cuando las personas hablan o actúan de forma que infringen estos valores, te sientes incómodo y negativo. El propósito de establecer límites es hacer saber a los demás cuáles son tus valores y permitirte hacerlos valer.

Por ejemplo, supongamos que uno de tus valores fundamentales es la amistad. Sin embargo, tienes un amigo que es regularmente antipático con otros amigos, ya sea por sus acciones o por su forma de hablar. Suele decir cosas desagradables sobre tus otros amigos y eso te hace sentir mal. Debes imponer tus límites, diciéndole a esa persona lo importante que es para ti la amistad y que no quieres escuchar chismes desagradables sobre otros amigos. Cada vez que hablen así, debes hacer la misma afirmación. Deja claro que no le estás diciendo que no debe permitirse chismes malintencionados, sino que no estás dispuesto a escucharlos.

Hay dos resultados posibles. O bien esa persona llega a aceptar que no puede hablar delante de ti de esa manera, o bien deja de querer pasar tiempo contigo. Cualquiera de las dos opciones es beneficiosa. Si esa persona modifica su comportamiento, dejarás de ser cómplice de una situación que no concuerda con tus valores. Si la persona decide terminar su amistad contigo porque no quiere o no puede cambiar su comportamiento, entonces esa era una relación de la que estarás mejor sin ella.

Si te sientes incómodo o negativo cuando pasas tiempo con alguien, es casi seguro que es porque no estás actuando en consonancia con tus valores. Establecer límites no es fácil, pero es la única manera de garantizar que puedes actuar de acuerdo con tus valores, y eso es una parte esencial del pensamiento positivo.

Aprender a escuchar

La mayoría de nosotros puede oír, pero pocos se toman el tiempo de escuchar realmente. Ya hemos hablado anteriormente de la conversación consciente, pero el simple acto de escuchar es una parte fundamental del éxito de la comunicación. Si quieres que la gente escuche lo que dices, también tienes que aprender a escucharlos. Escuchar es una habilidad que comprende tres elementos:

> **Atendiendo.** ¿Has hablado alguna vez con alguien que claramente no está prestando atención? Tal vez esté revisando su teléfono mientras hablas, reconociendo a otras personas o simplemente permitiendo que su atención se desvíe. Eso es exasperante, ¿verdad? Asegúrate de no hacerlo mientras alguien está hablando. Presta toda tu atención, mantén el contacto visual y hazle saber que lo que está diciendo te importa.

> **Seguir.** Este es otro de los atributos exasperantes de los malos oyentes. Te dejan hablar, pero, en lugar de ofrecerte apoyo o incluso reconocer lo que has dicho, inmediatamente secuestran la conversación para dedicarla a su propia agenda. Después de lo que has dicho, te cuentan una letanía de sus propios problemas, que siempre son (según su percepción) peores y más intensos que los tuyos. No cometas este error como oyente. Intenta comprender las emociones que hay detrás de lo que dice la otra persona y utiliza preguntas suaves para que te cuente más.

> **Reflexionar.** Las personas que no saben escuchar rara vez entenderán lo que estás tratando de decir. Para confirmar que han entendido, utiliza frases como "Creo que lo que dices es..." para confirmar que has entendido.

Todas las relaciones consisten en establecer una conexión con otra persona. Aprender a escuchar con eficacia es una parte fundamental para establecer esa conexión.

Aprender a hablar

La mayoría de la gente sabe hablar, pero a muchas personas les resulta muy difícil decir lo que quieren y necesitan, sobre todo en lo que respecta a las emociones. Aprender a decir lo que se quiere se llama asertividad, y es una habilidad clave para cualquiera que quiera convertirse en un pensador positivo.

La asertividad no es lo mismo que la agresión o la arrogancia. La asertividad consiste en aprender a exponer tus necesidades respetando las necesidades y opiniones de los demás. Se trata de un tema complejo, pero, en resumen, la asertividad significa aprender a establecer límites, a decir *"No"* cuando es apropiado y a dar mensajes de afirmación eficaces que describan tus necesidades.

Los mensajes de afirmación son apropiados en cualquier situación en la que quieras exponer claramente tus propias necesidades. Reflexiona sobre el ejemplo de la sección *"Establecer límites"* en el que quieres decirle a un amigo que deje de hablar mal de otros amigos delante de ti. En ese caso (y en la mayoría de los casos en los que quieres hacerte valer), el uso de un mensaje de asertividad de tres partes funciona bien. Dicho mensaje tendría esta forma:

> **Describe el problema.** En el caso del ejemplo, esto podría tomar la forma de: *"Sueles ser grosero con las personas que son mis amigos."*

> **Describe cómo te hace sentir eso.** En el caso del ejemplo, esto podría tomar la forma de: *"Eso me hace sentir incómodo"*.

> **Describe cómo te afecta el comportamiento de la otra persona.** En el caso del ejemplo, esto podría adoptar la forma de: *"Cuando dices esas cosas, siento que tengo que elegir entre apoyar a mis otros amigos o estar de acuerdo contigo."*

Observarás que el mensaje se limita a exponer tus sentimientos y reacciones, pero no propone una solución. Esto se debe a que las soluciones más eficaces se crean conjuntamente. Cuando des un mensaje de afirmación por primera vez, la otra persona puede ponerse a la defensiva o incluso enfadarse. Deja que eso pase. Si es necesario, repite el mensaje. Espera a que la otra persona supere su respuesta emocional inicial y empiece a examinar lo que dices de forma racional. Entonces debería ofrecer soluciones. Si no lo hacen o no quieren hacerlo, tendrás que plantearte si sigues queriendo pasar tiempo con esa persona.

Si quieres saber más sobre cómo aprender a escuchar, decir "No" y hacer valer tus propias emociones y necesidades, consulta nuestro libro sobre Asertividad Cotidiana.

Capítulo 8: Tu plan de pensamiento positivo

Es hora de reunir todo y desarrollar tu propio plan personal de pensamiento positivo. Ahora que entiendes lo importante que es el pensamiento positivo y la gran diferencia que puede suponer en tu vida, probablemente quieras empezar cuanto antes. Eso es totalmente comprensible. Por supuesto, tú quieres darte cuenta de los beneficios del pensamiento positivo ahora mismo.

Pero es importante que no te precipites ni trates de hacer demasiadas cosas a la vez. Cambiar tu mentalidad para convertirte en un pensador positivo no es algo que ocurra de la noche a la mañana. Significa construir nuevos hábitos positivos para reemplazar los hábitos negativos que pueden estar afectándote ahora. Estás comenzando un proceso de cambio. Planifica con cuidado, acepta que te llevará tiempo y no caigas en la tentación de hacer varias cosas a la vez. Hacer una cosa a la vez siempre será la forma más eficaz de proceder.

Objetivos y valores

En el Capítulo 4 hemos hablado de la importancia de los valores y los objetivos. Merece la pena reafirmar su importancia aquí. Estos objetivos y valores te guiarán en todo lo que hagas. Se convertirán en la hoja de ruta que te proporcionará dirección en tu viaje hacia el pensamiento positivo.

Revisa la lista de valores que creaste en el Capítulo 4. ¿Coinciden realmente con las cosas que te importan profundamente? ¿Falta algo? Esta lista no es estática, ya que puede evolucionar con el tiempo. Revísala regularmente para asegurarte de que cubre todo lo que es importante para ti.

Al menos una vez al día, revisa lo que has hecho en las últimas 24 horas. ¿Son tus acciones acordes con tus valores? Si no es así, ¿qué puedes cambiar para que así sea? No te enfades contigo mismo si a veces actúas de forma que no se ajusta a tus valores. En lugar de eso, piensa en lo que ha ocurrido, aprende y utiliza ese conocimiento para actuar de forma diferente la próxima vez. Cuando actúes de acuerdo con tus valores, sobre todo si se trata de situaciones difíciles, celebra tu logro dándote una recompensa: Tómate un tiempo extra para un pasatiempo o para relajarte, mira una película favorita o prepárate una comida especial.

Ahora, revisa tus objetivos. Deberías tener al menos cuatro objetivos: Uno que pretendas alcanzar en el próximo mes, otro en seis meses, otro en un año y otro en cinco años. Siéntete libre de tener más, pero no tantos como para que te resulte difícil recordarlos todos. Lo ideal es tener entre cuatro y ocho objetivos.

Son cada uno de sus objetivos:

- ¿Positivos?
- ¿ESMART (Específico, Medible, Alcanzable, Relevante y Temporal)?

Para algunos de tus objetivos, especialmente los que son a largo plazo, necesitarás un plan. Por ejemplo, si uno de tus objetivos es conseguir un ascenso en el trabajo en un plazo de 12 meses, ¿hay pasos intermedios como la formación o la experiencia que te ayudarán a conseguirlo? Estos se convertirán en subobjetivos y también deben ser ESMART.

Elabora un plan sobre cómo pretendes alcanzar cada objetivo. Tala tiempo y proporciona todos los detalles que necesites. Al menos una vez a la semana, revisa los progresos que has hecho hacia tus objetivos en los siete días anteriores. No te enfades ni te frustres si no consigues alcanzar los objetivos que te ha propuestos. El fracaso sólo es un problema si no aprendes de él. Piensa por qué no has conseguido el progreso que querías. ¿Hay algo que podrías haber hecho de forma diferente? ¿Has dedicado suficiente tiempo y esfuerzo a la consecución de tu objetivo? ¿El nivel de progreso que esperabas era demasiado optimista? Cuando consigas el progreso que esperabas, celebra ese logro.

Pensamiento positivo diario

Además de pensar en tus valores y evaluar el progreso hacia tus objetivos, hay otras cosas que puedes hacer cada día para impulsar el pensamiento positivo.

La gratitud. La gratitud es el antídoto más poderoso contra la negatividad. Al menos una vez al día, tómate el tiempo de pensar en algo por lo que sientas gratitud.

La meditación. La meditación regular ayuda a evitar el exceso de pensamiento y la mente de mono. Intenta programar la meditación, aunque sólo sea durante cinco minutos, todos los días. Recuerda que puedes utilizar la meditación guiada para centrarte en un tema concreto, como la positividad o la gratitud.

Afirmaciones. Repite tus afirmaciones para ti mismo varias veces al día. Incluso puedes establecer recordatorios en tu ordenador para asegurarte de que no se te olvidan.

Autocuidado. Incluya tiempo para la relajación y la autocompasión cada día.

Dieta. Seguir una dieta mediterránea no garantiza un pensamiento positivo, pero ciertamente evitará las sensaciones negativas y de pereza que se derivan del consumo de alimentos ricos en grasas y azúcares. Asegúrate de que tu dieta diaria incluya tantas opciones saludables como sea posible.

El ejercicio. El ejercicio aumenta la positividad. Intenta incluir un tiempo cada día para realizar al menos un ejercicio moderado, como caminar a paso ligero, nadar, pasar la aspiradora, lavar las ventanas, fregar o cortar el césped. Intenta hacer al menos 150 minutos de ejercicio moderado a la semana, pero si puede aumentar esta cifra a 300 minutos, obtendrás mayores beneficios. Si practicas un ejercicio vigoroso, como correr, montar en bicicleta a gran velocidad, jugar al tenis o al fútbol, o bailar de forma aeróbica, debes aspirar a un mínimo de 75 minutos a la semana.

Medir el progreso

Cada día, intenta dedicar un momento a pensar en cómo el pensamiento positivo ha moldeado tu comportamiento. ¿Puedes identificar alguna situación en la que el pensamiento positivo te haya hecho actuar de una manera que te haga sentir bien? Puede ser algo pequeño, como probar un nuevo lugar para almorzar, dar un consejo positivo a un amigo o colega, o ver una película o programa de televisión que te haya hecho sentir energizado y positivo. También puede ser algo grande, como tomar una decisión mediante el pensamiento positivo. ¿Eres capaz de contrastar este comportamiento con la forma en que podrías haber actuado en el pasado, frenado por la negatividad y la falta de confianza?

Intenta también pensar en cómo el pensamiento positivo te ha hecho sentir diferente cada día. ¿La meditación te ha hecho concentrar mejor y evitar el estrés? ¿La mejora de tu dieta y sus regímenes de ejercicio te han hecho sentir más fuerte y seguro de ti mismo? ¿Quizás puedas sentir que tus afirmaciones están funcionando y que las situaciones que antes te hacían sentir miedo y negatividad son ahora menos estresantes?

Después de haber trabajado en el pensamiento positivo durante al menos un mes, puedes volver a realizar el ejercicio del Capítulo 9, *Tu evaluación del pensamiento positivo*. ¿Ha cambiado tu estilo emocional? ¿Has sido capaz de aplicar el pensamiento positivo a las tres áreas de tu vida que identificó en ese ejercicio? ¿Estás preparado para empezar a utilizarlo en otras áreas?

Cada día, los hábitos del pensamiento positivo marcan la diferencia en tu vida. Sé consciente de estos cambios y celébralos para mantener tu motivación alta. Pronto el pensamiento positivo se convertirá en algo que haces automáticamente.

Centrarse en material positivo y motivador

Todos los días te bombardean con información a través de anuncios y material promocional. Probablemente también ves la televisión y las películas, escuchas la radio y los podcasts, y lees. Toda esta información es procesada por tu cerebro, y afecta directamente a tu estado de ánimo y a tu nivel de positividad. Es casi imposible evitar la publicidad, pero puedes ser selectivo en lo que eliges ver, escuchar y leer.

Desde que existen las películas y la televisión, ha habido acalorados debates sobre los posibles efectos negativos de estos medios, como la incitación a la agresión y la violencia, el refuerzo de los estereotipos sexuales y sociales y el aumento de la percepción de que el mundo es un lugar temible y peligroso. Sin embargo, estudios más recientes sugieren que los medios a los que estamos expuestos también tienen la capacidad de tener un impacto positivo en nosotros.

Por ejemplo, en 2012, un estudio realizado por una de las principales especialistas en el campo de la investigación de los medios de comunicación, Mary Beth Oliver, de la Universidad Estatal de Pensilvania[28], analizó las películas que representaban la *"virtud moral"*, atributos como la gratitud, la generosidad y la lealtad. En un estudio, se pidió a un grupo de sujetos que identificaran las películas recientes que les habían resultado placenteras o significativas. Las películas placenteras eran simplemente aquellas que los sujetos disfrutaban viendo. Las películas significativas eran aquellas que los sujetos recordaban intensamente después y que les afectaban emocionalmente. Casi sin excepción, las películas identificadas como significativas incluían contenidos altruistas, como la lucha por la justicia social o el cuidado de los débiles.

Investigaciones anteriores sugerían que el aumento de los niveles de visualización de la televisión y las películas conducía a lo que se identificaba como "síndrome del *mundo malo*", una sensación de que el mundo es aterrador y peligroso. Sin embargo, esta investigación más

---

[28] Oliver, Mary Beth; Hartmann, Tilo; Woolley, Julia K. , *Elevation in Response to Entertainment Portrayals of Moral Virtue*, Human Communication Research, 2012.

reciente sugiere que ciertos tipos de medios de comunicación también pueden conducir al "síndrome del mundo amable", una visión mucho más positiva de nuestro entorno.

Las implicaciones para el pensamiento positivo son claras. Si eliges cuidadosamente a qué medios te expones (y esto incluye lo que lees y escuchas, así como lo que ves), esta práctica puede tener un efecto significativo en tu mentalidad. Si eliges sistemáticamente material inspirador, esto te proporcionará un impulso a largo plazo. Consumir medios de comunicación no es diferente de comer alimentos. Si comes de forma saludable sólo de vez en cuando, eso tendrá poco efecto general en tu salud. Sin embargo, si haces de la alimentación sana una parte habitual de tu estilo de vida, estarás más sano. Si eliges de forma consciente y constante ver, escuchar y leer material edificante, aumentarás tu capacidad de pensamiento positivo.

Cada día, piensa en los medios de comunicación que consumes. ¿Apoyan tu deseo de positividad proporcionándote inspiración y esperanza? Puede que te fascinen esos sombríos podcasts de crímenes reales, pero lo cierto es que están dando un empujón a tu visión del mundo como un lugar mezquino, cambia a otros materiales que te ayuden a ver el mundo como un lugar amable y solidario.

Tu plan de pensamiento positivo de 30 días

Probablemente hayas notado que esta sección se llama "*tu plan de pensamiento positivo de 30 días*". Eso puede sonar un poco desalentador. ¿Puedes realmente lograr un pensamiento positivo en sólo 30 días? ¿Es ese plazo suficiente para cambiar tu actual mentalidad negativa? La respuesta es que este plan de 30 días es sólo el comienzo. Es una forma estructurada de probar todas las técnicas importantes del pensamiento positivo y ver cómo te funcionan.

No te preocupes, no tienes que completar todos estos pasos en 30 días (aunque por supuesto que puedes hacerlo). Puedes alargarlos durante el periodo que te resulte más cómodo. Pero intenta no alargarlo demasiado. Conseguir un pensamiento positivo consiste en establecer nuevos hábitos. Los hábitos se forman mejor haciendo algo repetidamente hasta que se vuelve subconsciente. Hacer algo intensamente durante 30 días es una buena manera de empezar a establecer nuevos hábitos. Sin embargo, si quiere alargar estos pasos durante, por ejemplo, 90 días, también debería funcionar bien. Si tienes la tentación de alargarlo aún más, puede considerar si estás realmente comprometido con el pensamiento positivo. Si crees que te va a llevar más de tres meses seguir todos estos pasos, tal vez debas releer las partes de este libro que cubren los numerosos beneficios del pensamiento positivo y utilizarlas para obtener la motivación adicional que necesitas.

Intenta no saltarte ningún paso. Todos son elementos importantes para construir tu positividad y confianza en ti mismo.

Este es tu plan de 30 días:

> **Día 1:** Escribe tus valores vitales y tus objetivos personales. Son importantes, así que no empieces hasta que tengas tiempo para pensar en ellos.

> **Día 2:** Tómate el tiempo necesario para darse una puntuación general sobre la frecuencia con la que te afectan los síntomas físicos del exceso de pensamiento. Para cada uno de los síntomas de insomnio, dolores de cabeza, dolores musculares y articulares,

y fatiga, asigna una puntuación del 1 al 10, siendo 1 *"casi nunca"* y 10 *"muy frecuentemente"*. Anota su puntuación total.

Día 3: Comienza a meditar. Puedes hacerlo durante cinco minutos o durante más tiempo si crees que esto te proporciona un beneficio adicional. Durante el resto de los 30 días, practica la meditación una vez al día o, si no puedes encontrar tiempo para ello, al menos una vez cada dos días.

Día 4: Crea tu sabio defensor. Tómate el tiempo de visualizar a esta persona intensamente. Si te sientes estresado o dudoso durante el resto de este plan de 30 días, visualiza una conversación con tu sabio defensor.

Día 5: Crea tu lista de afirmaciones. Intenta tener al menos cuatro. Durante el resto de los 30 días, repítete estas afirmaciones al menos una vez al día.

Día 6: Ejercicio. Si ya haces ejercicio regularmente, puedes seguir con tu régimen actual. Si no lo haces, introduce en tu rutina diaria al menos 25 minutos de ejercicio moderado (como nadar o caminar a paso ligero). Mantenlo durante todos los días de este plan de 30 días.

Día 7: Dieta. Analiza lo que está comiendo y bebiendo en este momento. ¿Incluye alimentos con mucha grasa y azúcar o mucha carne roja? Piensa en cómo puedes hacer el cambio a algo más parecido a una dieta mediterránea. Mantén esto durante el resto del plan.

Día 8: Inicia un diario de gratitud. Hoy y todos los días restantes de este plan, tómate el tiempo de escribir al menos una cosa por la que sientas gratitud. Intenta encontrar una cosa diferente cada día.

Día 9: Prueba algo nuevo hoy. Toma una ruta diferente para ir al trabajo, ve a comer a un lugar nuevo, ve a un museo o galería que nunca hayas visitado antes. Piensa en qué emociones te ha hecho sentir esa experiencia.

Día 10: Este es un buen momento para hacer una pausa en la reflexión. A estas alturas ya has empezado a meditar, a utilizar afirmaciones y a llevar un diario de gratitud. Has creado tu sabio defensor, y has incorporado el ejercicio y una dieta saludable a tu rutina diaria. ¿Cómo te hacen sentir estas nuevas técnicas? ¿Tienes problemas con alguna de ellas? Si es así, quizá quieras volver a leer la parte correspondiente de este libro para comprobar que estás haciendo lo que necesitas.

Día 11: Hoy, concéntrate en tus emociones. Sé consciente de las emociones que te afectan a lo largo del día y trata de entender de dónde vienen. Al final del día, reflexiona sobre estas emociones y trata de ver cómo han influido en tu comportamiento.

Día 12: Hoy, prueba una meditación de gratitud guiada. Encuentra una en línea.

Día 13: Mantén una conversación consciente. Identifica a alguien con quien quieras tener una conexión más profunda y utiliza tus habilidades como oyente para hacerle saber a esa persona que realmente entiendes lo que está diciendo.

Día 14: Concéntrese en las emociones de los demás hoy. Trata de identificar los sentimientos que afectan a las personas que te rodean y comprueba si puedes averiguar de dónde proceden. Al final del día, reflexiona sobre lo que has observado e intenta identificar a una persona cuyas emociones hayan determinado su comportamiento.

Día 15: Identifica una situación en la que puedas dar un mensaje de asertividad que establezca o refuerce tus límites personales.

Día 16: Crea una narrativa de desarrollo de competencias sobre tu función laboral actual.

Día 17: Identifica algo nuevo sobre lo que quieras aprender. Lo ideal es que se trate de algo de lo que actualmente sabes muy poco. Quizá sea un país que te gustaría visitar, un nuevo régimen de ejercicios que te interese o un autor del que hayas oído hablar, pero cuya obra no hayas leído. Sea cual sea tu elección, empieza hoy mismo a informarte sobre el tema elegido y toma nota de lo que aprendas.

Día 18: Mezcla tu rutina diaria hoy. Haz un esfuerzo consciente para hacer las cosas en un orden diferente y en momentos variados.

Día 19: Es hora de enfrentarse al miedo. Concéntrate en una situación o acontecimiento que te produzca aprensión. Puede ser cualquier cosa: Una entrevista de trabajo, una cita a ciegas, una visita al dentista, la araña bajo el armario. Utiliza las técnicas *"enfréntate a tu miedo"* y *"pre-mortem"* para explorar ese miedo en detalle. Vuelve a él tantas veces como quieras durante el día. Vuelve a mirar tu miedo al final del día. ¿Es menor ahora que esta mañana?

Día 20: Otro buen momento para la reflexión. ¿Sientes que estás progresando? ¿Algunas de las cosas que has hecho en los últimos 20 días han marcado una diferencia particular en tu positividad? ¿Alguna de estas cosas te ha parecido especialmente desafiante? Piensa por qué y en las emociones que te han hecho sentir estos éxitos y desafíos.

Día 21: Vea una película o un programa de televisión que te levante el ánimo o lee un libro que te inspire. Intenta elegir algo que normalmente no verías o leerías. Elige algo que incluya la representación de la *"virtud moral"*. ¿Cómo te hizo sentir? ¿Te hizo sentir energizado y positivo? ¿Quizás quieras seguir centrándote en material edificante durante el resto de este plan?

Día 22: Hoy es el momento de la autocompasión. Durante los últimos 20 días, has estado aprendiendo a aplicar las técnicas que necesitas para convertirte en un pensador positivo. ¿Cómo te hace sentir eso? ¿Qué ha aprendido? ¿Qué has conseguido? Considera especialmente tus logros y date una palmadita en la espalda por haber llegado hasta aquí.

Día 23: Practica una meditación de bondad amorosa.

Día 24: Mantén otra conversación consciente, pero esta vez con otra persona.

Día 25: Hoy se trata de relajarse. Sea lo que sea lo que hagas para relajarte, ver la televisión, leer, escuchar podcasts, dedícate hoy un tiempo extra a ello. Te has ganado este tiempo para ti con tu duro trabajo durante los 25 días anteriores.

Día 26: Crea una narrativa de desarrollo de competencias sobre sus relaciones personales actuales.

Día 27: Vuelve a tus valores y objetivos. ¿Sientes que estás progresando hacia tus objetivos? ¿Sientes que tus acciones están ahora más de acuerdo con tus valores?

Día 28: Concéntrate en tus emociones a lo largo del día. ¿Puedes ver alguna diferencia con respecto a las emociones que experimentaste el día 11? ¿Experimentas ahora más emociones positivas?

Día 29: Repite el ejercicio del día 2. ¿Has cambiado la frecuencia de los síntomas físicos del pensamiento excesivo? ¿Qué técnicas de pensamiento positivo han conducido a la mayor reducción de tu pensamiento excesivo?

Día 30: ¡Lo has hecho! ¡Enhorabuena! Ya has practicado todas las técnicas del pensamiento positivo. Pero tu viaje de pensamiento positivo no termina después de 30 días.

¿Qué es lo siguiente?

Ya está, has completado el plan de 30 días, así que ya puedes dejar a un lado este libro y volver a ser como antes, ¿verdad?

¡No!

Durante el plan de 30 días, has probado las técnicas de pensamiento positivo y las has incorporado a tu vida diaria. Algunas han empezado a ser habituales. Muchas aún no se han arraigado. En lugar de detenerte, éste es un buen momento para reflexionar sobre lo que has aprendido y cómo piensas continuar.

¿Qué técnicas te han funcionado mejor? ¿Cuáles han sido las que más han impulsado la positividad? Ésas son las técnicas y los cambios de estilo de vida que debes incorporar a tu vida, no sólo durante 30 días, sino de ahora en adelante. Convertirse en un pensador positivo no es algo que se haga sólo durante 30 días. Es un cambio fundamental en tu forma de ver el mundo y tu lugar en él. Elige las cosas que han funcionado bien y hazlas parte de tu vida cotidiana.

¿Qué técnicas no te han funcionado? Quizá la meditación no te haya resultado útil. Tal vez te pareció que rellenar el diario de gratitud te hacía sentirte tonto. Cada persona es diferente y no todas las técnicas funcionan para todos. Sin embargo, todas las técnicas de este libro son elementos importantes para el pensamiento positivo. No abandones todavía las que no te han dado un impulso inmediato. Por el contrario, continúe con todas las técnicas durante al menos otros treinta días. Al final de ese periodo, revisa de nuevo su situación. Si algunas técnicas no parecen funcionar, puedes considerar dejarlas. Después de 60 días, muchas de estas cosas se habrán convertido en hábitos y puede que descubras que, en cambio, quieres continuar.

Solución de problemas

¿Qué ocurre si sigues las orientaciones de este libro, adoptas todas las herramientas para el pensamiento positivo y las incluyes en tu rutina diaria, pero no puedes deshacerte de ese sentimiento de negatividad? Aquí tienes una guía que te ayudará a retomar el camino de la positividad.

¿Cuál es el problema? A veces, los cambios importantes en la vida pueden afectar a tu capacidad de ser positivo. La ruptura de una relación, la pérdida del trabajo, la mudanza a una nueva casa o la enfermedad o muerte de alguien cercano pueden provocar un sesgo de negatividad extrema en tu mentalidad. Eso es normal. ¿Hay alguna situación en tu vida que actualmente te impida pensar en positivo? ¿Hay medidas que puedas tomar para reducir el impacto de esa situación? Si no es así, puedes seleccionar las herramientas de pensamiento positivo que te resulten útiles y utilizarlas para sentirte más positivo. Pero puede que tengas que aceptar que, hasta que la situación estresante pase, puede ser más difícil ser totalmente positivo.

¿Demasiado, demasiado pronto? Puedes ver los beneficios del pensamiento positivo y tal vez te sientas tentado a empujar las cosas tan rápido como puedas. Es comprensible, pero también es contraproducente. La multitarea nunca es tan eficaz como trabajar en una cosa a la vez. Lograr un pensamiento positivo implica establecer nuevos hábitos, y no hay forma de apresurarse. Un nuevo hábito puede tardar hasta 90 días en arraigar en tu pensamiento. ¿Tienes en cuenta este hecho?

Volver a lo básico. ¿Quizás te has perdido algo importante? Vuelva a leer los Capítulos 4 y 5. ¿Tienes una mentalidad positiva? ¿Has establecido claramente tus valores y objetivos? ¿Tienes un enfoque flexible sobre cómo apoyarlos y has incorporado la meditación a tu rutina diaria? ¿Has aprendido a lidiar con los pensamientos excesivos? ¿Practicas afirmaciones diarias? ¿Haces suficiente ejercicio y tu dieta te ayuda a potenciar el pensamiento positivo?

Acaba con la negatividad. Si te encuentras en un patrón de pensamiento negativo, acaba con él inmediatamente. Empieza por identificar esos pensamientos como negativos y poco útiles. Prueba a utilizar la técnica RAIN. Haz un esfuerzo consciente para pensar en otra cosa o inicia otra actividad para distraer tu mente. Pruebe a realizar una breve sesión de ejercicio para aumentar sus niveles de endorfinas y aumentar su positividad. Desafía esos pensamientos negativos discutiéndolos con tu sabio defensor. Si te encuentras pensando repetidamente de forma negativa en una situación concreta, añade una nueva afirmación que acentúe lo positivo de esa situación.

Capítulo 9: Consejos y ejercicios de pensamiento positivo

Tu evaluación del pensamiento positivo

Utilizando la información del Capítulo 1 y, si lo deseas, un test de estilo emocional en línea, evalúa tu estilo emocional.

Hazlo tantas veces como necesites, respondiendo a las preguntas en función de un aspecto concreto de tu vida, por ejemplo, en el trabajo, en las relaciones, en un contexto social, etc.

Ahora deberías ser capaz de ver dónde la falta de pensamiento positivo tiene el mayor impacto en tu vida.

Ahora, escribe las tres áreas en las que el pensamiento positivo tendrá el mayor impacto. Estas son las áreas en las que debe aplicar las técnicas de pensamiento positivo de este libro. Después de un mes, vuelve a evaluar. ¿Puedes ver las mejoras? ¿Puedes ver ahora otras áreas en las que podrías aplicar estas técnicas? Intenta tener siempre una lista actualizada de las tres áreas en las que centrarás tus esfuerzos para aplicar el pensamiento positivo y sigue evaluando tus progresos.

Creación de una narrativa del trauma

Este ejercicio consiste en analizar un trauma que ha marcado tu vida y cambiar la narrativa a algo que puedas construir.

- Comienza por identificar un trauma que haya moldeado tu vida y tu respuesta emocional y conductual al estrés. Es posible que puedas identificar más de un trauma. Si es así, crea una narración del trauma por separado para cada uno de ellos. Escribe tus respuestas a lo siguiente:
    - Describe el trauma. Añade todos los detalles que puedas, describiendo tus acciones y las de los demás.
    - Describe tus emociones asociadas a este trauma. Presta especial atención a los sentimientos de vergüenza, culpa, impotencia o miedo.
    - ¿Puedes identificar algún caso en el que las emociones generadas por este trauma sigan afectando a tu comportamiento ahora?
    - Escribe una nueva narración del trauma. Sé objetivo e intenta escribirlo como si fueras otra persona viendo la situación. En particular, concéntrate en describir cómo tu no fuiste responsable de los eventos involucrados en el trauma.

Revisar un trauma del pasado puede ser doloroso. Sin embargo, es una forma valiosa de disminuir el efecto de ese trauma. Sé honesto aquí y tómate el tiempo de escribir sobre cualquier situación del pasado que te siga afectando.

Una meditación de bondad amorosa

La meditación de bondad amorosa (MBA) es una técnica de autocuidado ampliamente reconocida y útil que ha demostrado reducir el estrés y aumentar la capacidad de conexión con los demás.

Practicar la meditación de la bondad amorosa:

- Busca un momento y un lugar donde no haya interrupciones ni distracciones. Busca una posición cómoda, cierra los ojos, relaja los músculos y concéntrate en tu respiración.
- Imagina cómo se sentiría el bienestar físico y emocional absoluto y la paz interior. Concéntrate en esta sensación. Cada vez que exhales, imagina que estás exhalando la tensión y el estrés. Cada vez que inhalas, imagina que estás inspirando sentimientos de tranquilidad y amor.
- Repite una o varias afirmaciones positivas para ti mismo. Éstas deben referirse específicamente a tu bienestar, como, por ejemplo:
    - Estoy contento, sano y fuerte.
    - Hoy daré y recibiré amor y respeto.
    - Cada día aprendo y crezco.
    - Tengo el control de mi vida.
- Mantén tus sentimientos de bondad amorosa hacia ti mismo durante unos minutos. Si notas que tu atención se desvía, vuelve a dirigirla hacia la autocompasión.
- Ahora, dirige tu atención a las personas importantes de tu vida: tu familia, tu pareja, tus hijos y tus amigos. Siente tu amor por cada uno de ellos por turnos y considera tu gratitud hacia ellos.
- Cuando sientas que tu meditación está completa, abre los ojos.

Cuando comiences la meditación de bondad amorosa, es posible que quieras centrarte únicamente en ti mismo. Cuando te sientas seguro con esta técnica, extiéndela a otras personas de tu vida. Incluso puede incluir a las personas con las que tiene conflictos. Esto puede ayudar a generar sentimientos de compasión y perdón.

La técnica precisa que utilices para esta meditación no es importante, siempre que promueva sentimientos de bondad amorosa hacia ti mismo y hacia los demás.

Celebrar tus logros

El sesgo de la negatividad puede dificultar el reconocimiento de todo lo que se ha logrado. En cambio, a menudo nos centramos en nuestros fracasos. Tómate el tiempo de hacer tres listas con los siguientes logros:

Logros anteriores. Retrocede todo lo que quieras. ¿Hay algo que hayas conseguido en la escuela de lo que te sientas especialmente orgulloso? ¿Los resultados de tus exámenes en la universidad fueron motivo de orgullo? ¿Construiste una fantástica casa en el árbol para tus hijos cuando eran pequeños? ¿Ayudaste a un amigo o colega en un momento difícil? Es fácil olvidar todas las cosas positivas que hemos hecho, pero es importante celebrarlas. Detállalo todo lo que quieras e intenta enumerar al menos 10 cosas aquí.

Logros actuales. Piensa en tu vida laboral y personal reciente. Piensa en lo que has conseguido en tu vida laboral. El logro no tiene por qué ser un gran éxito profesional. Llegar al trabajo a tiempo todos los días, incluso cuando estás fatigado, y ser un colega fiable y solidario también son logros que vale la pena destacar. En tu vida personal, ¿puedes pensar en momentos en los que hayas sido un amigo solidario o una pareja, padre o familiar cariñoso?

Logros futuros. Piensa en lo que quieres conseguir en el futuro. Puede ser útil repasar tus logros pasados y actuales. ¿Cuáles de ellos te hacen sentir más orgulloso y positivo? Tal vez sean el tipo de logros que quieras repetir en el futuro.

Escribe una carta a tu yo más joven

Escribe una carta a ti mismo cuando eras un niño. Debería ser una carta que hubiera dado fuerza y energía a tu yo más joven. No planifiques demasiado. Sólo escribe y ve lo que sale. Es posible que quieras meditar para despejar tu mente antes de empezar este ejercicio.

En particular, aborda estas cuestiones:

- ¿Qué cualidades positivas te gustaría destacar de niño?
- ¿Qué gratitud quieres compartir?
- ¿Qué logros te gustaría compartir?
- ¿Qué miedos querrías anular?
- ¿Se te ocurre una cosa que podrías escribir y que haría que tu yo más joven se sintiera inmediatamente más positivo?

Razones para dar las gracias

Tómate el tiempo de pensar y escribir algo por lo que estés agradecido hoy. No te límites a escribir lo primero que se te ocurra. Piensa realmente en ello y ten en cuenta las emociones positivas que te ha hecho sentir ese acontecimiento. Cuanto más descriptivo seas, más eficaz será este enfoque.

Ahora, trata de identificar cuatro cosas más en tu vida que te hagan sentir agradecido. De nuevo, se descriptivo y anota las emociones que te provocan.

Movimiento consciente

La atención plena no es sólo algo que pueda experimentarse a través de la meditación. Muchos acontecimientos cotidianos pueden convertirse en atención plena si se abordan de la forma adecuada. La esencia de la atención plena es estar totalmente presente en el momento y sumergirse por completo en la información que proporcionan los sentidos. He aquí algunos ejemplos de cómo aplicar la atención plena a los acontecimientos cotidianos:

Caminar con atención. Este método consiste en ser consciente de cada paso que das y de cada respiración. También hay que ser consciente del mundo que te rodea: La vista del sol a través de los árboles, el sonido del viento sobre las hojas, el olor de la hierba recién cortada, la sensación de las hojas crujiendo bajo tus pies. Deja los auriculares y la música y no tengas prisa. Camina de forma constante y tranquila, sumergiéndote totalmente en la experiencia. Puedes practicar la caminata con atención consciente en cualquier lugar y en cualquier momento, incluso mientras vas de reunión en reunión, y es una forma estupenda de calmar la mente de mono.

Danza consciente. Sé consciente de cómo se sienten las diferentes partes de tu cuerpo. Sé consciente de las imágenes y los sonidos que te rodean. Observa cómo la música te provoca emociones. Piérdete por completo en la experiencia.

Cocinar y comer con atención. Cuando prepares la comida, sé consciente de la sensación, el aspecto y el olor de cada uno de los ingredientes. Cuando estés listo para comer, observa el color, la textura y el olor de la comida. Saborea cada bocado, apreciando todos los sabores y texturas. Concéntrate por completo en el acto de comer, sin distracciones.

Tareas conscientes. Incluso algo tan mundano como lavar los platos puede convertirse en algo consciente. Concéntrate en lo que estás haciendo, no en lo que harás después. Disfruta de la sensación del agua caliente en tus manos y de saber que estás limpiando esos platos sucios. Muchas tareas son increíblemente enriquecedoras, pero nos apresuramos a realizarlas, pensando en cualquier cosa menos en lo que estamos haciendo ahora. Eso hace que estas tareas sean aburridas y poco interesantes. No tiene por qué ser así. Como dice el maestro zen y venerado profesor de mindfulness Thich Nat Hanh:

> *"Sé que, si me apresuro para comer antes el postre, el tiempo de lavar los platos será desagradable y no valdrá la pena vivir. Sería una pena, porque cada minuto, cada segundo de vida es un milagro.* [29]*"*

No importa lo que estés haciendo, cada momento de tu vida tiene importancia. Si estás plenamente presente en todo lo que haces, podrás encontrar la atención plena en cualquier lugar.

---

[29] Thich Nhat Hanh, *The Miracle of Mindfulness: An Introduction to the Practice of Meditation*, Beacon Press, 1999.

Cómo afrontar el insomnio

Los efectos del insomnio crónico pueden ser paralizantes, y es muy difícil ser positivo si se está fatigado, irritado e incapaz de concentrarse. Si sufres un insomnio agudo y problemático, es posible que necesites consultar a un profesional de la salud. También hay muchos libros y artículos sobre el insomnio y cómo afrontarlo, pero aquí tienes algunos consejos que pueden resultarte útiles:

Mantén tu cama separada del resto de tu vida. Tu cama es un lugar que debe asociar con el sueño y la intimidad y nada más. Si el espacio lo permite, no pases tiempo sentado en tu cama durante el día. No cojas el teléfono en la cama ni veas la televisión allí. Si haces estas cosas, tu cerebro llega a asociar la cama con las actividades de la vida diaria y no con el sueño.

Aléjate de las pantallas antes y después de acostarte. Las pantallas de los televisores, ordenadores, teléfonos y algunos otros dispositivos electrónicos emiten luz azul. Nuestro cerebro la interpreta como luz diurna e inhibe la producción de melatonina en nuestro cuerpo, una sustancia química asociada al sueño. La mayoría de los lectores de libros electrónicos, como el Kindle, no emiten luz azul.

Establezca una rutina para ir a la cama. Intenta irte a la cama a la misma hora todas las noches. No veas la televisión ni utilices dispositivos electrónicos al menos una hora antes de acostarte. Toma un tentempié ligero y una bebida sin cafeína. Algunos alimentos como las uvas, las fresas, las nueces, las cerezas y la avena contienen melatonina y pueden ayudarle a dormir. Tome un baño caliente, que también puede estimular la producción de melatonina. Completa tu diario de gratitud y medita. Haz las mismas cosas en el mismo orden cada noche para crear una rutina que dé a tu cerebro la señal de que pronto será la hora de dormir.

Escucha música o lee en la cama. Escoge música que te tranquilice y te relaje. Del mismo modo, no elijas leer algo demasiado apasionante, aterrador o emocionante antes de acomodarte para dormir. Por supuesto, lee algo edificante o un viejo favorito.

Evita el alcohol. Las bebidas alcohólicas pueden provocar somnolencia, por lo que algunas personas toman una copa para conciliar el sueño. Sin embargo, el alcohol puede afectar a tu cerebro de varias maneras que pueden reducir la calidad del sueño, así que evita el alcohol antes de acostarte.

Ver la luz. Exponerte a la luz del día a primera hora puede ayudar a normalizar tu ritmo circadiano, el reloj interno de tu cuerpo que regula cuándo dormir y cuándo estar despierto. Si no es posible exponerse a la luz natural a primera hora del día, puedes considerar el uso de una caja de terapia de luz.

Ejercicio. Además de todos los demás beneficios que aporta, el consumo de energía y los cambios de temperatura corporal que provoca el ejercicio pueden ayudar a conciliar el sueño. Sin embargo, evita el ejercicio intenso al menos dos horas antes de acostarte, ya que puede dificultar la conciliación del sueño.

YOU
GOT
THIS

Capítulo 10: Conclusión

Este libro proporciona todo lo que necesitas saber para convertirte en un pensador positivo. También explica todos los beneficios que aporta el pensamiento positivo y cómo convertir las técnicas de pensamiento positivo en hábitos de vida. No hay nada místico aquí y nada basado en la fe. Los consejos de este libro se han extraído de los conocimientos psicológicos y médicos actuales que han demostrado su eficacia. No garantiza que siempre serás feliz o que te harás rico o famoso. Lo que sí significa es que puedes aprovechar al máximo las capacidades que ya tienes, y eso tendrá un impacto positivo en tu salud y bienestar.

Ahora ya sabes todo lo que necesitas para empezar a pensar en positivo. El resto depende de ti. Sólo tú puedes tomar la decisión de mejorar y pasar a la acción para transformar tu vida mediante el poder de la positividad.

¿A qué esperas?

Si te ha gustado este libro, asegúrate de dejar una reseña, ya que nos ayudaría enormemente.

TU REGALO

Nos gustaría darte un regalo para agradecerte la compra de este libro. Puedes elegir entre cualquiera de nuestros otros títulos publicados.

Puedes obtener acceso inmediato a cualquiera de nuestros libros haciendo clic en el siguiente enlace y uniéndoe a nuestra lista de correo:

https://campsite.bio/mastertoday

Nuestros otros libros

Dominio de la Fuerza Mental: *Manual de 10 Pasos para Desarrollar la Confianza en uno Mismo, la Resistencia, el Valor y la Disciplina*

Construye tu confianza en ti mismo, y libera tu coraje para soportar las dificultades y rendir en cualquier condición!

La fortaleza mental te ayudará a elevarte por encima de muchas personas que se ven fácilmente afectadas por sus circunstancias externas, como los retos, los obstáculos y los contratiempos. Te permite rendir bajo presión y superar los retos de la vida.

Este libro te da las claves para desarrollar una verdadera fortaleza mental.

Imagínate a ti mismo enfrentándote a los problemas de la vida con confianza, seguridad y una valentía de león. Imagínate afrontando cualquier problema o contratiempo que pueda surgir. ¿Estás preparado para ello?

Si es así, ¡este libro de Dominio de la Fuerza Mental es para ti!

Aumenta tu confianza en ti mismo y libera tu valor y resistencia para hacer frente a la adversidad... Persevera, maneja la presión y mantén tus planes. Deja de agotar tu energía y obtén más de la vida de lo que creías posible.

Endurece tu mente y domina tu disciplina, controla tus impulsos y soporta la angustia emocional y psicológica que es la raíz de la desgracia. Haz que sentirte abrumado, agotado o sobrecargado sean síntomas del pasado.

En **Dominio de la Fuerza Mental,** descubrirás:

- Qué es la fortaleza mental y qué no es...
- Los rasgos de carácter que las personas mentalmente fuertes aprendieron para superar la mediocridad.
- Por qué la motivación y la fuerza de voluntad no son herramientas fiables.
- Cómo la disciplina te ayuda a sacar más provecho de la vida.
- Cómo la fortaleza mental es el ingrediente esencial para el éxito.
- Las claves para fortalecer tu mente y desbloquear el máximo rendimiento.
- Cómo puedes retrasar la gratificación con facilidad.

Conviértete en una persona mentalmente fuerte. El libro incluye un cuaderno de trabajo paso a paso y 15 poderosos ejercicios que te ayudarán a convertir lo que aprenderás a lo largo de este libro en hábitos diarios.

Deja de rendirte cuando la vida se pone difícil. Domina tu mente y tu disciplina para ser resiliente. Empieza a entrenar y hazte con un ejemplar de este libro hoy mismo para enfrentarte a la adversidad con valentía.

Para saber más, haz clic aquí:

https://master.today/books/mental-toughness/

Asertividad cotidiana: *Desbloquea tu asertividad y confianza, deja de complacer a la gente, establece límites saludables y di NO!*

(Libro de trabajo para transformar tu vida y tu comunicación)

¿Sientes que no eres lo suficientemente asertivo? ¿Está cansado de que la gente se aproveche de usted?

Puede que pienses: *"No quiero ofender a la gente. Sólo quiero caerles bien".* "Pero, ¿y si no captan la indirecta y no dejan de pedirte atención y ayuda? ¿Y si siguen presionando y exigiendo más de tu tiempo, energía o dinero? ¿Cómo te hará sentir eso? ¿Y cómo afectará a tus objetivos y relaciones con los demás a largo plazo?

El libro Asertividad Cotidiana es un cuaderno de trabajo diseñado para ayudarte a pasar de ser una persona pasiva que siempre complace a los demás a una persona asertiva que habla, establece límites saludables y dice no cuando es necesario. Proporciona herramientas prácticas que pueden utilizarse en todos los ámbitos de la vida: en casa, en la escuela, en el trabajo o en el entorno social. Este libro ha ayudado a miles de personas a ganar confianza aprendiendo a decir ¡NO! sin sentirse culpable por ello. Es hora de que tú también aprendas estas habilidades.

Este libro te enseñará cómo dejar de ser pasivo y convertirte en asertivo con las personas de tu vida. A continuación, te presentamos un resumen de las cosas que aprenderás a hacer:

- Ten más confianza.
- Deja de dejar que los demás te pisoteen.
- Establece límites saludables que funcionen para ti.
- Diga NO cuando sea apropiado, sin culpa ni vergüenza.
- Consigue lo que TÚ quieres de las relaciones, amistades, familiares, etc.
- Deja de sentirte aprovechado por los que te rodean.
- Establece límites y diga no cuando sea necesario.
- Toma las riendas de tu propia vida.

Compra hoy mismo el cuaderno de trabajo Asertividad cotidiana. Para saber más, haz clic aquí:

https://master.today/books